Utopie und Wirklichkeit
Zeichenhafte Architektur
in Augsburg

Katalog zum
1. Augsburger Architekturtag
am 22. November 1997

Veranstalter

Architekturmuseum Schwaben

Berufsverband der Architekten
und Bauingenieure Schwaben
(BAB)

Berufsverband der Architekten
und Ingenieure (BAI)

Bund Deutscher Architekten
(BDA)

Bund Deutscher Baumeister,
Architekten und Ingenieure
(BDB)

Fachhochschule Augsburg,
Fachbereich Architektur

Künstlervereinigung
Augsburg „Die Ecke"

Projektgruppe Denkmaltag

Schwäbischer Architekten- und
Ingenieurverein (SAIV)

Vereinigung der freischaffenden
Architekten Deutschlands (VfA)

Der Katalog wurde durch die
finanzielle Unterstützung folgender
Firmen und Verbände ermöglicht:

Arno Buchegger-Stiftung, Augsburg

Augsburger Club

Augsburger Kalksandstein GmbH & Co. KG,
Friedberg-Derching

Bauwaren Mahler GmbH + Co., Augsburg

Druckerei Eitzenberger, Augsburg

Form + Schrift, M.Schickinger, Augsburg

Mahler Fliesen und Glasbau GmbH, Augsburg

Utopie und Wirklichkeit
Zeichenhafte Architektur in Augsburg

Architektur setzt Zeichen, zeichnet die Konturen einer Stadt, benennt das Stadtzentrum und die Stadtränder. Sie bezeichnet den Stolz der Bürger, Frömmigkeit und Macht der Kirche, Wehrhaftigkeit und Gastfreundschaft der Stadt.

Früher begrenzten Stadttore und Mauern die Stadt, trennten das sichere Innere vom ungeschützen Außenraum. Bedeutung und Machtanspruch der Bauherren zeigten sich in ihren gebauten Utopien. Wer Herr der Stadt sein wollte, baute den mächtigsten Turm, den Dom, das Rathaus, den Stadtturm, das Reichskloster.

Um 1900 prägten Fabrikschornsteine in großer Zahl die Silhouette Augsburgs. In zeitgenössischen Stadtansichten standen die rauchenden Schornsteine für den Stolz der Industriestadt. Heute sind sie nutzlos geworden und werden abgebrochen. Zeichen verlieren ihren Inhalt und verschwinden.

Im Nationalsozialismus sollte alles anders werden, mächtig und eindeutig. Gebaut wurde davon nichts.

Die Verkehrsutopien des Wiederaufbaus wurden nur zum Teil realisiert. Die Stadt spricht trotzdem nach 1945 eine völlig andere Sprache als vor dem Krieg.

Die Hochhausutopien der 70er Jahren wirken in ihrer Zukunftsgläubigkeit wie von einem anderen Stern. Wenige dieser großstädtischen Träume wurden verwirklicht. Viele der modernen Zeichen blieben Utopie.

Was gestern Utopie war, ist heute Alltag, wird morgen mißverstanden und geht verloren. Übrig bleibt ein zufälliger Bestand an sprechenden Zeichen aus vergangener Zeit. Manchmal stehen sie unter Denkmalschutz.

Utopien zu entwerfen ist riskant.
Utopien zu fordern ist naiv.

Sind Utopien nötig?

St. Ulrich
93 m
Perlach
70 m
Dom
53 m
St. Moritz
51 m

Rathaus
57 m

Jeder will hoch hinaus – im Rennen um den höchsten Turm der Stadt befanden sich: der Bischof von Augsburg mit dem Dom, die Bürger und der Rat der Stadt mit Perlachturm und dem Rathaus, sowie der Kaiser mit dem Reichskloster St. Ulrich.

Traditionell führt der Bischof das Feld an, der für den Dom eine Doppelturmgruppe beansprucht, wie es einer Kathedrale angemessen ist.
Seine Spitzhelme nehmen sich im Vergleich mit französischen Kathedraltürmen oder den großen deutschen Domen von Köln, Regensburg und Magdeburg recht bescheiden aus. Ihre Würde beziehen sie statt aus meßbarer Höhe (53 m) aus ihrem vorgezeigten Alter, das durch romanische Formen spricht.

Dem ungeschriebenen Gesetz, daß allein der Kathedrale Doppeltürme zustehen, widersetzt sich das Reichskloster St. Ulrich mit Burckhardt Engelbergs Doppelturmentwurf. Danach hätte die Reichs-Kirche mit zwei modisch gotischen Türmen den Dom nicht nur an Modernität und Pracht, sondern vor allem an Höhe übertroffen. Schließlich verzichtet St. Ulrich auf sein gotisches Turmdoppel zugunsten einer topaktuellen, geradezu orientalischen Zwiebelhaube (1594; 93 m). Damit hatte man zwar nur einen Turm, dafür aber überragt dieser alle anderen.

Im Rahmen der Hollschen Stadtumgestaltung wird der städtische Perlachturm in den Jahren 1614-16 nicht nur in aktuellen Architekturformen modernisiert, sondern gleichzeitig erhöht (70 m). Zusammen mit dem wuchtigen Turmpaar des Rathauses (gegen 1620; 57 m) entwickelt Holl eine Dreier-Turmgruppe, die alle Doppelturmprojekte aus dem Rennen wirft.
Endstand: Bürger vor Kaiser vor Bischof. Und dieser Tatbestand dürfte auch den politischen und finanziellen Rangstufen innerhalb der Stadt entsprochen haben.

Private Geschlechtertürme, wie sie beispielsweise in Regensburg bis heute das Stadtbild beherrschen, spielten in diesem Wettstreit kaum eine Rolle. Auf den weiteren Plätzen: Engagiert und die mittlere Maximilianstraße dominierend der in den Fuggerschen Sprengel gehörige Kirchturm von St. Moritz (1494/1534; 51 m); selbstbewußt die Pfarr- und Klosterkirche St. Georg; chancenlos die Frauenklöster St. Stephan, Maria Stern und St. Ursula. Außerhalb der Wertung bleiben die turmlosen Bettelordenskirchen.

Fremde in der Stadt
Städtelob und Städtetadel

Sicher, der Augsburger liebt und lobt seine Stadt und besonders die Altstadt. Gewiß demolierten die Bomben des Zweiten Weltkrieges die historische Kulisse nachhaltig, dann kamen die Abrißbirnen des Wiederaufbaus. Am Rest nagt beständig die Zeit und eines Tages – auch wenn das Alteingesessene nicht wahrhaben wollen – geht das „Leben" der Stadt zu Ende. Manchmal treibt dann neuzeitliches Historienfieber seltsame Blüten, und es werden Häuser oder (Goldene) Säle aus dem Hut gezaubert, die schon Jahrzehnte nicht mehr existierten. Solche Falsifikate schmeicheln dem Stolz der Einwohner und fördern nicht zuletzt den Tourismus.
Augsburg lebt nun einmal von seiner Geschichte und von seinem – in Teilen – alten Bild und deswegen kamen und kommen sogar Leute herbeigereist. Die moderne Gesellschaft gilt als besonders mobil; dagegen erscheint der vormoderne Mensch recht unbeweglich – und tatsächlich verließen bis vor nicht allzu langer Zeit wohl große Teile der Bevölkerung zeitlebens ihr Dorf oder ihre Stadt nicht ein einziges Mal. Man stelle sich dabei vor Augen, daß der Postweg von Augsburg nach – beispielsweise – Nürnberg noch im 18. Jahrhundert 9 Stunden betrug, nach Berlin 36 Stunden, nach Venedig 37 Stunden, nach Paris 72 Stunden. Angesichts des bloßen Aufwands zum Erreichen des Zielorts mußte der eigentliche Aufenthalt dazu in einem angemessenen Verhältnis stehen. So hielt sich Giacomo Casanova im Jahr 1761 in Augsburg immerhin von August bis Dezember auf. Goethe hingegen logierte gerade mal drei Tage im März des Jahres 1790 in Augsburg – seinem Tagebuch nach zu schließen sicherlich mit die langweiligsten seines Lebens.
Man reiste aus ganz verschiedenen Gründen: Zur Entdeckung und Erforschung unbekannter Länder und Landstriche, aus religiösen Motiven, zum Handel, zur Kur, oder – auch das – zum Vergnügen. Egal wie motiviert – mehr als heute galt das Hauptinteresse dem Gewinn von Erfahrung und Wissen, denn es bleibe ein *grober Mensch der gleich wol solches land durchwandlet hat, aber keiner Dinge acht gehabt*, wie Sebastian Münster in der Vorrede seiner 1550 erschienenen ´Cosmographia universalis´ warnte.
Zur Bewältigung des enzyklopädischen Pflichtprogramms gab die Wissenschaft dem Reisenden seit dem Ausgang des 15. Jahrhunderts Reisemethodiken, sogenannte Apodemiken, mit auf den Weg. Diese enthielten nützliche Ratschläge, um vor allem das „Merk-Würdige" angemessen zu erfassen, denn seine „Reisen wohl einzurichten" galt gemeinhin als besondere Kunst. Ein venezianischer Reisetraktat von 1494

rät dem Reisenden, in jeder Stadt zunächst den höchstgelegenen Aussichtspunkt zu ersteigen, um sich von dort einen Gesamteindruck zu verschaffen. Noch 1643 empfiehlt Matthäus Merian, man besteige in Augsburg, das übrigens auf einem „lustigen Bühel" liege, den „künstlichen Perlachthurn", von dem man die Stadt „wol besichtigen" könne.
Die Reisemethodiken gaben schließlich auch den Ausgangspunkt für das beschreibende Lob von Örtlichkeiten, dem mehr oder weniger gelehrten „Städtelob", das in dem Dreischritt Örtlichkeit – Klima – Menschentypen das am Ort Erlebte zusammenfaßt und würdigt. Umgekehrt kann heute dem Städtelob entnommen werden, was den verschiedenen Epochen überhaupt „merk-würdig" war. In Augsburg zählten dazu die Befestigungen, die Hauptkirchen (weniger der Dom), das Fuggerhaus, die Fassadenmalereien, die Wasserwerke, die Schülesche Fabrik und – allerdings eher als Kuriosum – der Goldene Saal.
Michel de Montaigne vermerkt 1581 gewissenhaft Lage und Vegetation („ganz einheitlich") von Augsburg, beschreibt detailiert das Zimmer seiner Herberge („die Bettfüße ragen zwei bis drei Fuß über die Bettstellen hinaus"), berichtet von den Besichtigungen der Kirchen („es wird durcheinander gesungen"), beschreibt das Fuggerhaus und die Straßen der Stadt („breit"), würdigt angemessen die Wasserleitung („ansehnliches Werk"), vermerkt wohlwollend, die Stadt habe zwar Mäuse aber keine Ratten, berichtet noch von vielen anderen Merkwürdigkeiten und schließt seinen Bericht mit der bemerkenswerten Feststellung „Die Stadt liegt am Lechfluß".
Ein etwas maßloses Städtelob über Augsburg beinhaltet Sebastian Münsters Cosmographie, was sicherlich auf den Umstand zurückzuführen ist, daß der Augsburger Arzt und Historiker Achilles P. Gasser als Verfasser zeichnet. Die Stadt habe *über die Maß köstliche Heuser, weite und saubere Gassen, gewaltige Rinckmauren, wehrliche Pasteien, tieff und weite Gräben*. Insgesamt betrachtet sei Augsburg

dermaßen mit herrlichen Häusern und Palästen geziert worden, daß einer, so vorhin nie do gewesen, meint, er gang in ein Paradies.
Die Einwohner seien *von schön Gestalt, an Kleidung prächtlich, mit Essen und Trincken köstlich, in Handlungen gescheid, an Geberden außlendisch.*
„Städtelob" ist nicht immer wörtlich zu verstehen, denn oft genug verbarg sich dahinter Spott und Kritik. Recht unerquicklich muß Wilhelm Heinses Augsburg-Aufenthalt an drei Augusttagen des Jahres 1780 verlaufen sein. Nach Absolvierung des Pflichtprogramms resümiert er lapidar: Die Häuser seien meist abscheulich verziert, ebenso der Goldene Saal, Evangelisch Heilig Kreuz sei krumm, die Dächer überall spitz und schräg, das Wasser schlecht und unrein und der ganze Ort überhaupt wenig gesund. Zwiespältig urteilt der St. Gallener Mönch Johann Nepomuk Hauntinger über seinen Aufenthalt im Jahr 1784: Die Schülesche Fabrik stehe dem schönsten Fürstenpalast an Pracht um nichts nach, die Wasserwerke am Roten Tor seien schlichtweg bewunderungswürdig, vom Turm der Ulrichskirche biete sich immerhin die schönste Aussicht auf die Stadt, der Dom habe „gar kein schönes Ansehen" gegeben und die Einrichtung des Rathauses sei nachgerade grotesk.
Mit den zuletzt zitierten, mehr unterhaltsamen als gelehrten Berichten zeichnet sich das Ende der „Kunst des Reisens" ab. Das Reisen wurde zur Mode, fast zu einer Art Sucht. Schließlich verschwand der Aspekt des Reisens als Teil der Bildung fast völlig; mit zunehmend technischem Fortschritt wurde das Reisen bequemer, verlor gänzlich den Reiz des Abenteuerlichen und mutierte schließlich zum kommerzialisierten „Fremdenverkehr". Vom einstigen Städtelob bleibt dabei nichts als schales Eigenlob.

linke Seite
Blick über den Roten-Tor-Wall auf die Schülesche Kattunmanufaktur.
Aquarell von Anton Christoph Gignoux, um 1800.

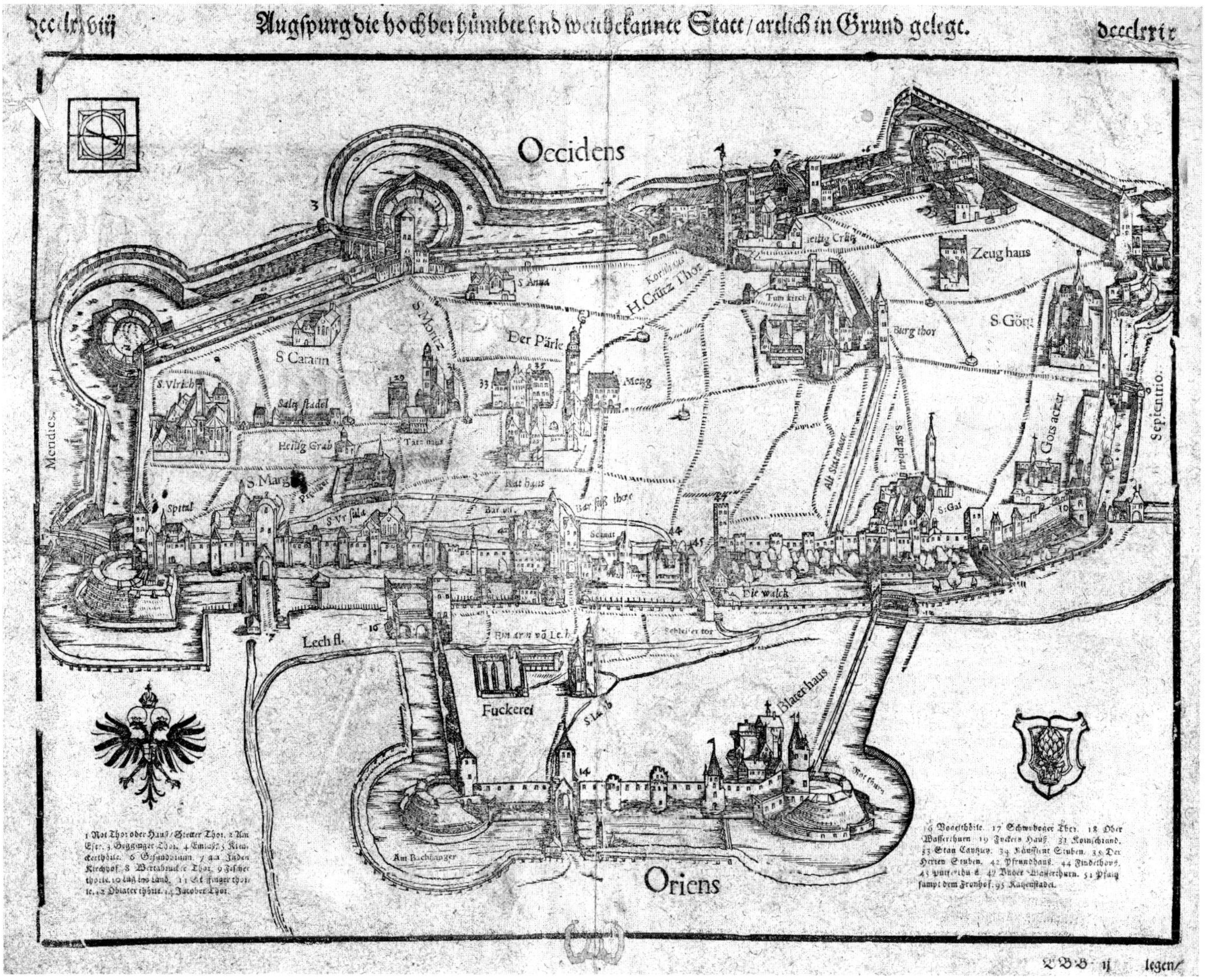

unten
Stadtplan mit den wichtigsten Gebäuden.
Aus: Sebastian Münster, Cosmographia universalis, Basel 1550.

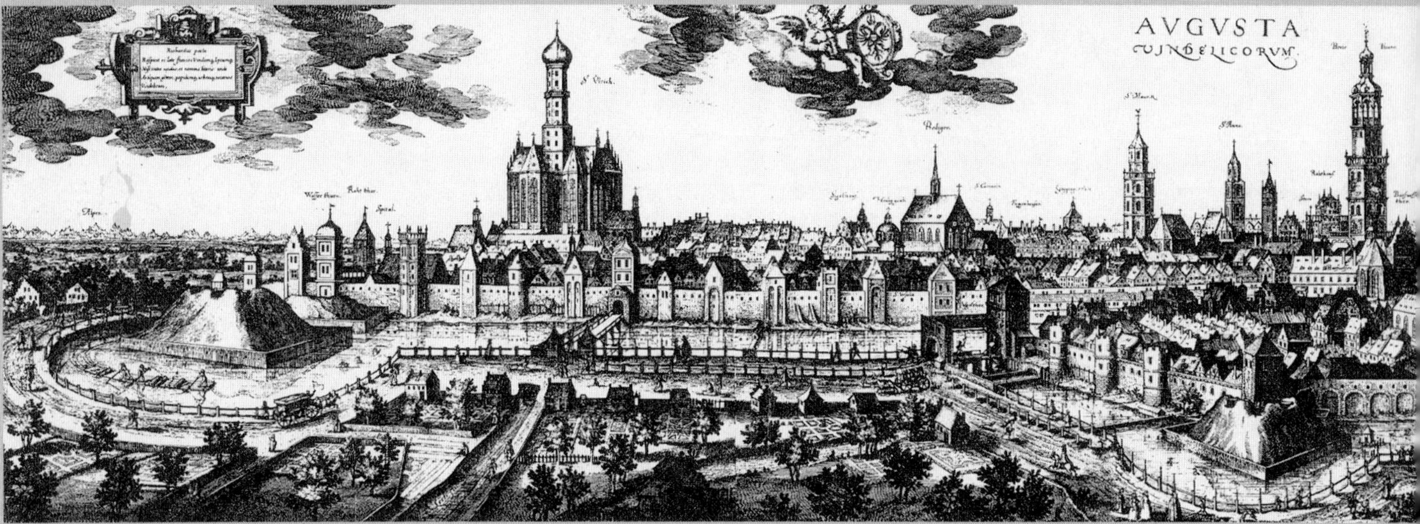
AVGVSTA
VINDELICORVM

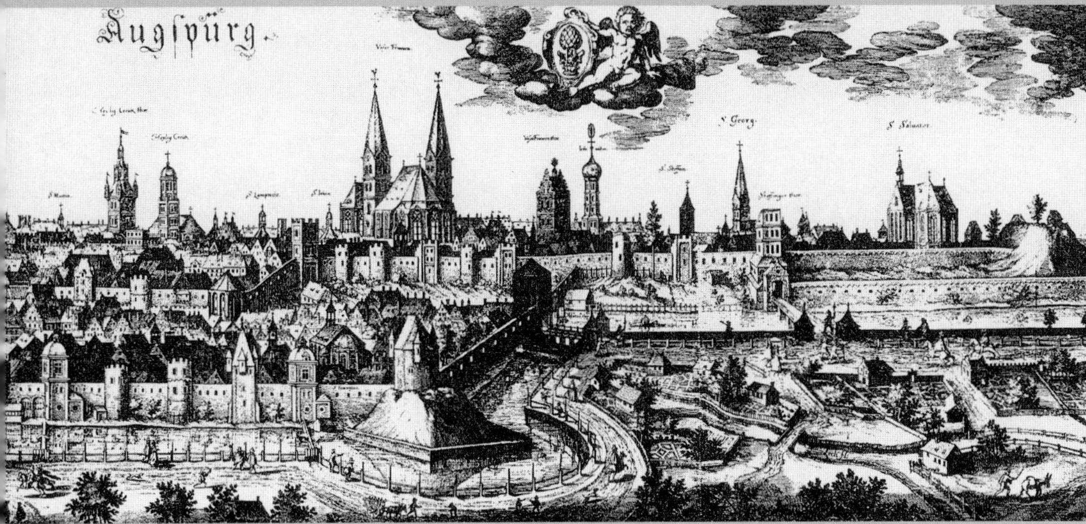

Die alte Silhouette der Stadt, von Osten aus gesehen, bemüht sich um topographische Genauigkeit. Dennoch sind die herausragend wichtigen Gebäude, Ulrich, Perlachturm und der Dom zur Verstärkung ihrer Bedeutung übergroß wiedergegeben.

Das Rathaus, das sich 1616 gerade in der ersten Bauphase befand, ist neben dem Perlachturm dagegen noch winzigklein angegeben und ohne seine Türme.

von links nach rechts
Wassertürme, Rotes Tor, Heilig-Geist-Spital, St. Ulrich, Siegelhaus, Heilig-Grab-Kapelle, Dominikanerkirche, Fuggerhäuser, Gögginger Tor, St. Moritz, St. Anna, Afra-Turm, Maria Stern, Rathaus, Perlachturm, Barfüßer Tor, Hl.-Kreuzer-Tor, Heilig Kreuz, Johanneskirche, Dom, Frauentor, Jesuitenkirche, St. Georg, Stephinger Tor, St. Salvator

Matthäus Merian d.Ä.,
Kupferstich von vier Platten, Ausschnitt, Stadtansicht von Osten.

Die neue Skyline der Industriestadt wird beherrscht von den Fabrikschornsteinen, die an den Stadträndern aus dem Boden gewachsen sind. Rauchende Schlote sind vom 19. Jahrhundert an bis in die 50er Jahre unseres Jahrhunderts Symbol der wirtschaftlichen Kraft der Stadt. Der Höhepunkt der neuen Stadtzeichen war am Ende des 19. Jahrhunderts erreicht, als in Augsburger Fabriken 109 Dampfmaschinen arbeiteten.

von links nach rechts
AKS, Martini, Fabrikschloß I, Fabrikschloß II, Osram, Glaspalast, Feinspinnerei, Haindl

Elias Holl verändert die Stadt

Stadtumbau um 1600 und seine Wirkung

Ein oberflächlicher Vergleich von Stadtzeichen aus dem 16. und dem 17. Jahrhundert wird dem Betrachter einiges abverlangen, falls er sich auf die Suche nach Um- oder Neubauten begibt, die in der Holl-Zeit entstanden sind. Das neue Rathaus als das bekannteste Gebäude des Stadtwerkmeisters wird im Straßen- und Häusergewirr leicht zu finden sein, mit etwas Glück kann man auch die Umbauarbeiten am Perlachturm erkennen, dann jedoch geht es an die Details. Ist die Stadtmetzg wirklich ein so auffälliger Bau, ebenso das Zeughaus mit der Michaelsgruppe oder das Kaufhaus an der Heilig-Grab-Gasse, als daß man die genannten Bauten sofort finden, geschweige denn ganz klar identifizieren könnte? Und wie verhielt es sich in der Frühen Neuzeit? Waren die aus unserer Sicht „wichtigen" Gebäude tatsächlich so prägnante Raummarken, als daß man sie sofort erkannte?
Tatsächlich steht die Wahrnehmung eines Gebäudes in der Vergangenheit und Gegenwart in einem untrennbaren Bezug zu seiner wirtschaftlichen, politischen und kulturellen Bedeutung. Isoliert betrachtet mögen das Rathaus, der Dom oder etwa die Basilika St. Ulrich und Afra in ihrer Funktion und Wirkung besonders aussagekräftig, ansatzweise „autonom" sein. Dies gilt aber eben nicht für alle Bauten, die meisten korrespondieren mit ihrer Umgebung und erhalten erst durch diese Verknüpfung und Einbindung ihre besondere

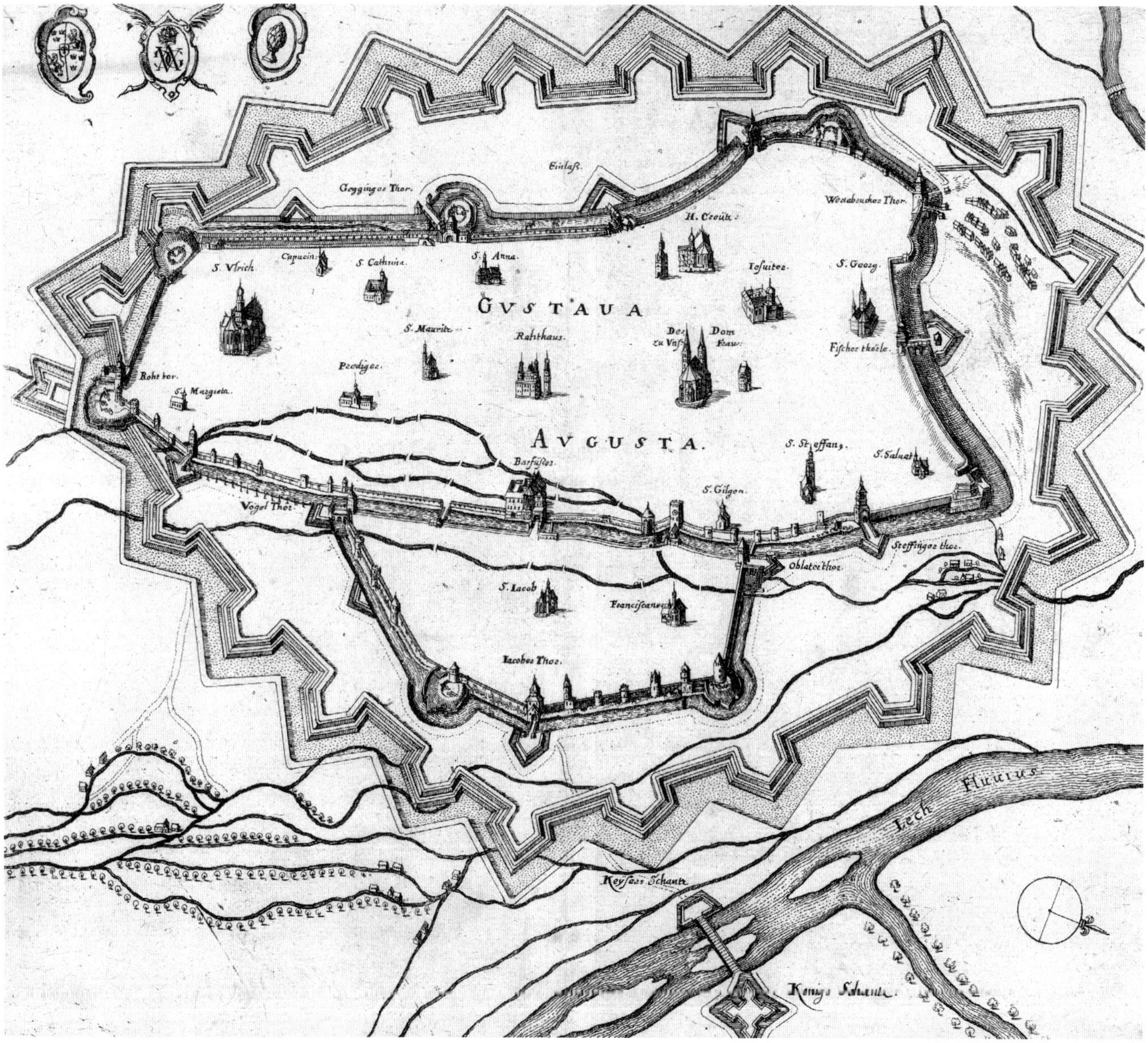

und erkennbare Zeichenhaftigkeit. So kann auch ein in Breite und Höhe eher kleines Gebäude sprechen, Fremden wie Einheimischen Signale vermitteln.
Betrat etwa ein Fremder oder Einheimischer die Stadt von Süden her, so bot sich ihm mit dem Roten Tor ein Stadteingang, gleichzeitig eine Befestigungsanlage, die an Zeichenhaftigkeit nichts zu wünschen übrig ließ. Wehrhaftigkeit und großstädtische Eleganz gingen von diesem Gebäude aus und waren sinnfällige Zeichen für einen Übergang vom Land in eine Stadt, die sich zudem als Reichsstadt besonders wehrhaft darstellte. Nicht weniger am Wertachbruckertor, das von Holl im Jahre 1605 umgebaut wurde. Bis in das vergangene Jahrhundert stand es bedeutend wachsamer und respekteischender über der in die Stadt führende Straße als heute.

Diese beiden Stadttore waren wie auch der sogenannte „Alte Einlaß" am heutigen Kennedyplatz wichtige Markierungspunkte städtischer Hoheit und zeigten fast greifbar den Wechsel vom Land zur Reichsstadt. Michel de Montaigne beschrieb diesen Wechsel sehr detailliert. 1580 mußte er, wie alle anderen Ankömmlinge, auch vier große, aufeinanderfolgende Tore passieren, die jeweils sofort wieder verschlossen wurden, sobald er sie durchschritten hatte, eine gedeckte Brücke sowie eine Zugbrücke überqueren und zum Schluß auf das Öffnen einer eisernen Schranke warten, bis er schlußendlich die Stadt betreten konnte.
Auf diesem Weg wurde er von insgesamt sechs Soldaten kontrolliert und auch zur Kasse gebeten. Zudem mußte er den Wachsoldaten seinen Namen und die Adresse in Augsburg angeben.
Aber auch schon kurz vor dem Erreichen der Stadt konnte sich der Besucher ein Bild von dem machen, was ihm bevorstand.
Die „Schokoladenseite" der Stadt wurde ihm von Osten aus geboten. Der Blick ging über die Jakobervorstadt hoch zur Oberstadt, wo in der Mitte der Perlach und das Rathaus grüßten, beiderseits eingerahmt von St. Ulrich und dem Dom. Zahlreiche weitere Kirchtürme und Stadttore, sowie Befestigungsanlagen komplettieren das Bild von einem weit ausgebreiteten, offenbar wohlhabenden Gemeinwesen.

Neben den schon genannten Stadttoren konnten aber auch andere Gebäude, die nicht zu Verteidigungszwecken gedacht waren, dem Besucher vom Wohlstand der Stadt künden. Ein solches, heute eher wenig beachtetes Gebäude war die Friedhofskapelle St. Michael auf dem heutigen Hermansfriedhof, dem

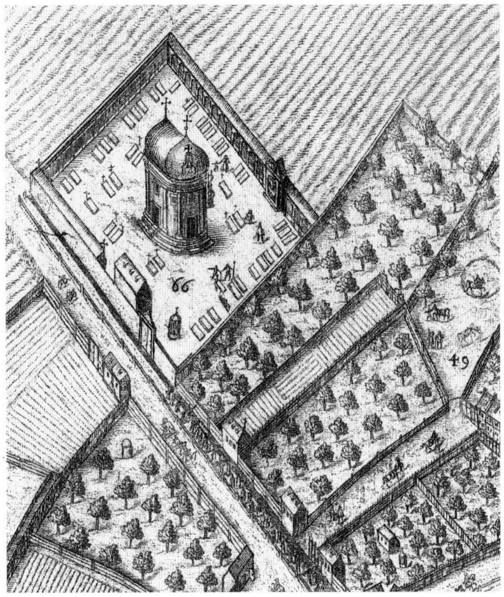

links
Katholischer Gottesacker vor dem Gögginger Tor mit der Friedhofskapelle St. Michael. Ausschnitt aus dem Kilian-Plan, 1620.

linke Seite
Stadtplan von Augsburg mit den wichtigsten Gebäuden und dem von den Schweden projektierten Befestigungsgürtel, nach 1633.

ehemaligen „katholischen Gottesacker vor dem Gögginger Tor". Dieser kleine Bau wurde in den Jahren 1603 bis 1604 von Esaias Holl nach Plänen seines älteren Bruders Elias errichtet. Äußerlich einerseits sehr schlicht und ohne Turm, bestach er jedoch im Inneren durch qualitätvolle Altargemälde von Joseph Heintz und Mathias Kager. Dieser Bau war zwar in seiner Nutzung konfessionell begrenzt, als Wegmarke jedoch leicht wahrnehmbar und in der Bezugnahme auf den Typus eines italienischen Campo Santo als durchaus modern zu bezeichnen.

Genau wie dieser in seiner Größe eher bescheidene Bau vor der Stadt konnte auch ein weiterer, auf den ersten Blick unscheinbarer Baukörper mitten in Augsburg gerade auf Fremde einigen Eindruck machen, was in erster Linie auf seine Funktion innerhalb der Stadttopographie zurückzuführen ist. Das „Kaufhaus bei Heilig Grab" stand an sehr exponierter Stelle der Reichsstadt. Hier boten inner- und außerstädtische Händler und Kaufleute ihre Waren feil, für Einheimische und Fremde war dieses Gebäude in seiner Funktion von zentraler Bedeutung, zudem eine Art Visitenkarte der Stadt. Die Fassade des langgestreckten Hauses war von dem Maler Mathias Kager entworfen worden und macht den Eindruck eines soliden, bodenständigen Gebäudes, das sich durch seine Schlichtheit nicht aufdrängt, vielmehr eher eine kaufmännische Distanziertheit ausstrahlt.
Die erhaltenen Bauakten jedoch zeigen, daß den Bauverantwortlichen an einer möglichst qualitätvollen Ausführung des Kaufhauses gelegen war. Es war wie das sehr viel aufwendiger gestaltete Weinsiegelhaus vor St. Ulrich,

Stein gewordenes Zeichen einer wohlhabenden, selbstbewußten Reichsstadt, die auch Gebäuden ohne direkten repräsentativen Charakter eine sehr repräsentative Ausführung zukommen ließ.

Man darf in diesem Zusammenhang nicht vergessen, daß Kaufleute, kleinere Händler und Bauern von nah und fern weniger Zeit im Rathaus oder etwa aufwendig geschmückten Kirchen verbrachten, als auf Märkten und in den eben beschriebenen Nutzbauten. Mit der Bedeutung korrespondierte also auch die Gestaltung des Kauf- oder des Siegelhauses.

Nicht anders verhält es sich beim Zeughaus. Obwohl es für außerstädtische Besucher wohl von eher untergeordnetem Interesse war, ist doch seine Zeichensprache eine ganz deutliche und für jeden Betrachter lesbare. Wehrhaftigkeit wird nicht nur durch den Satansbezwinger St. Michael dargestellt, bronzene Inschrifttafeln verkünden eindeutig die Bedeutung und Funktion des massigen, in seiner Fassadengestaltung durchaus trutzigen Bauwerks.

Schlußendlich gilt es in diesem Zusammenhang, das bedeutendste Bauwerk Holls, das Rathaus, auf seine Zeichenhaftigkeit hin zu untersuchen.

Geographisch fast im Zentrum der Stadt gelegen war dieser größte Profanbau Augsburgs nicht nur im Inneren, sondern auch von außen ein einziger respekteischender, zu Stein gewordener Anspruch auf eine zentrale Rolle Augsburgs im Kreis der Reichsstädte und gleichzeitig Ausdruck von kulturellem Verständnis, Wohlstand und – im Bezug auf Untertanen – Herrschaft. Der Eindruck den dieses erste wirkliche Hochhaus der Stadt auf die Betrachter machte, ist vom Menschen des 20. Jahrhunderts wohl kaum mehr nachvollziehbar. Im Kreis der Reichsstädte suchte das Augsburger Rathaus seinesgleichen, von landesuntertänigen Städten ganz zu schweigen. Es ist zwar nicht das höchste Bauwerk der Stadt, mühelos überragen die Türme von St. Ulrich, des Doms und der Perlach die beiden ursprünglich gar nicht vorgesehenen Türme des Rathauses, die diesem Bau nach der Aussage Holls

unten
Zeughaus, Ostfassade, Kupferstich von Wolfgang Kilian, 1659.

sowol inn alß außer der Statt, ein heroischers Ansechen verleihen sollten. Aber gerade auf Stadtansichten werden die Türme des Rathauses den eben genannten in ihrer Höhe fast angeglichen, was auf die Bedeutung des Baues, dem Sitz der Obrigkeit, im zeitgenössischen Verständnis verweist. Das wuchtige Auftreten dieses Gebäudes, das im Grunde genommen nichts neben sich bestehen läßt, die Blicke auf sich zieht und überhaupt nicht zierlich daherkommt, unterstreicht seine Bedeutung. Es ist eben nach außen kein Verwaltungsbau, sondern ganz einfach und herrisch das politische Zentrum der Stadtrepublik.

Ergänzt wird dieser Anspruch durch den erhöhten Perlachturm, den sogenannten „Neuen Bau" und den schon am Ausgang des 16. Jahrhunderts errichteten Augustus-Brunnen. Dieses heute noch erhaltene Ensemble rahmt immer noch das Rathaus ein, ergänzt es, unterstreicht seine Bedeutung und nimmt in gewisser Weise eine dienende Funktion ein. Alleine könnten sie gar nicht bestehen: der Perlachturm würde ohne das Rathaus wie ein zu groß geratener Kirchturm aussehen, Kaiser Augustus ins Leere weisen und der „Neue Bau" erst gar nicht ins Auge fallen.

Auch wenn wir heute zurecht immer wieder auf italienische Vorbilder verweisen, das Augsburg des 17. Jahrhunderts ohne die Einflüsse des Landes der Renaissance nicht vorstellbar wäre, so sollten wir doch die zeitgenössischen Beobachter nicht vergessen. Ein bayerischer Bauer, der zum Verkauf seines Getreides in die Stadt kam, ein Kaufmann aus Ulm oder Nürnberg waren vielleicht zeitlebens nie in Italien gewesen, kannten die Vorbilder nicht und assoziierten mit dem Perlachturm genausowenig einen Campanile wie mit dem Rathaus einen italienischen Palazzo. Ihnen war das Ensemble einfach ein noch nie gesehenes monumentales Zeichen des so wohlhabenden Augsburg, einzigartig im damaligen Heiligen Römischen Reich Deutscher Nation.

oben
Perlachturm und Rathaus, Kupferstich von Matthäus Merian d. Ä.

Fassade des „Neuen Baus".

Aufriß zum Kaufhaus in der Heilig-Grab-Gasse, Mathias Kager, vor 1611.

Stadttore
Wehr- und Werbebauten für die Stadt

Elias Holls Gögginger Tor mit Hirschgraben. Kupferstich von Simon Grimm, um 1680.

Heilig-Kreuzer-Tor von Süden. Kupferstich von Simon Grimm, 1682. Johann Mathias Kagers Fresken von 1611 stellten über der Tordurchfahrt die Kreuztragung Christi dar. Das Hauptbild am Obergeschoß handelte von Kaiser Konrad III., der mit Augsburger Truppen 1148 Damaskus belagerte.

Als Claudius Drusus im Jahr 15 v.Chr. Augsburg zur Provinzhauptstadt der Vindelicer erhob, veranlaßte er – so weiß jedenfalls ein Chronist des 16. Jahrhunderts zu berichten –, anstatt der Zäune „gute Mauern" und „starke Thürn" zu errichten. Die Glaubwürdigkeit der verspäteten Nachricht dahingestellt, macht sie doch eines deutlich: mit dem Bau von Mauern, Türmen und Toren sollte nicht nur ein Schutzbezirk eingefriedet werden, es wurde damit auch ein deutliches Signal gesetzt, das Macht und Würde ausdrückte.

Bis in reichsstädtische Zeit blieben dann die – immer wieder erneuerten – Befestigungen der Reichsstadt nicht weniger Schutz vor Feinden als sinnfällige Demonstration der staatlichen Selbständigkeit. An den Mauern und ihren Toren prallten zwei Welten aufeinander: Draußen Untertanen von kirchlichen, fürstlichen oder anderen Herren, drinnen freie Bürger, die allein dem Kaiser Untertan waren. Mehr noch – war das Leben außerhalb der Mauern ständigen Bedrohungen ausgesetzt, herrschte in der Stadt ein Höchstmaß an Sicherheit. Mauern, Türme und Tore hatten deswegen vielfältige Funktionen: Sie trennten zwei Machtbereiche, sie dokumentierten Herrschaft und Macht, sie prägten die Silhouette und kennzeichneten den staatlichen Charakter der Stadt, durch sie wurde die Stadt erst zur Stadt. Befestigungsarchitektur war folglich mehr als bloßes Nutzbauwerk und sollte auch immer in größtmöglicher Schönheit gestaltet sein.

Die Stadtbefestigungen, die Elias Holl zu Beginn des 17. Jahrhunderts vorfand, waren schon gegen hundert Jahre alt. Zwischen 1605 und 1625 hat Holl mindestens sechs der zehn Stadttore – und zwar sämtliche der bürgerlichen Oberstadt – neu erbaut oder umgebaut: Wertachbruckertor, Fischertor, Klinkertor, Stephingertor, Gögginger Tor und Rotes Tor. Neben der Notwendigkeit, den fortifikatorischen Anforderungen der Tore Rechnung zu tragen, dürfte Holls Bestreben vor allem darin gelegen haben, schön und modern zu bauen. Jedenfalls erfüllten die Tore Holls in idealer Weise ästhetische Forderungen der Zeit: Von vollkommener symmetrischer Gestaltung, mit Rustizierungen, Pilastern, Gebälken, Kapitellen und Konsolen reich instrumentiert. Vom Roten Tor vermerkte Holl stolz, er habe es „auf neue Manier" erbaut. Die drei innerstädtischen Tore – Barfüßertor, Frauentor und Heilig-Kreuzer-Tor – gestaltete Holl so um, daß sie repräsentativ bemalt werden konnten. Damals hatten die inneren Tore längst keine fortifikatorische Funktion mehr, doch erwog man noch 1619, sie im Falle einer protestantischen Revolte zu schließen. Als sie Holl ab 1610 erhöhte und umbaute, sah er von vornherein an den Fassaden große Wandflächen für die Anbringung von Gemälden vor, die dann zwischen 1610 und 1612 von Hans Freyberger am Barfüßertor und von Johann Mathias Kager an den beiden anderen Türmen ausgeführt wurden.

An den Durchfahrten waren jeweils Szenen der Leidensgeschichte Christi zu sehen, gleichsam als christliche Grundlage der Gesamtaussage. An den Hauptgeschossen wurden große historische Darstellungen angebracht: Am Barfüßer Tor

reichsgeschichtliche Ereignisse, die auf die enge Verbindung von Stadt und Kaiser anspielten, am Frauentor Szenen aus dem Leben des Kardinals Matthäus Lang von Wellenburg, am Heilig-Kreuzer-Tor Kriegszüge der Augsburger gegen Heidenvölker. Dabei waren auf den stadtauswärtigen Seiten jeweils Siege und Unterwerfungen dargestellt, auf den Innenseiten Begebenheiten der Reichsgeschichte. Somit wurde dem Ankommenden die Wehrhaftigkeit der Stadt vor Augen gestellt, während die Bilder der stadtinneren Seiten die kaisertreue Stadtpolitik demonstrierten. Holl arbeitete an den vorrangig wehrtechnisch bedingten Neubauten der äußeren Tore also mit aktuellem architektonischen Formenschatz, an den neuen Dekorationen der inneren Tore mit Zitaten aus der Vergangenheit – beide Konzeptionen brachten die gegenwärtige Machtposition der Reichsstadt repräsentativ zur Geltung.
Ihre fortifikatorische wie repräsentative Funktion verloren die Stadttore zu Beginn des 19. Jahrhunderts mit der Einverleibung Augsburgs in den neugeschaffenen bayerischen Staat. Der Imagewechsel – von der allgegenwärtigen Erinnerung an Augsburgs Glanzzeit im 16. und 17. Jahrhundert zur Kreishauptstadt von Schwaben und Neuburg – sollte auch im Stadtbild seinen sichtbaren Niederschlag finden, und dabei waren den neuen Machthabern alle Erinnerungen an vergangene reichsstädtische Zeiten ein Dorn im Auge. *Ein alter Thorturm, welcher eine Straße verengt und bei einer starken Bevölkerung des Ortes den Gehenden selbst lebensgefährlich ist (...) verfehlt zwar in neueren Zeiten seine Bestimmung ganz, und hat weder als Zierde noch in einer anderen Beziehung einen Werth; allein (er) soll nicht angetastet werden, blos weil (er) alt ist.*
Diese Klage gegen ein reaktionäres Denkmalbewußtsein stammt aus dem Jahr 1827. Beschwerdeführer war der damalige Augsburger Stadtbaurat August Voit, der als Ersatz für das alte Barfüßertor ein neues, in aktuellen klassizistischen Formen geplantes Eingangsrondell vorlegte. Der wichtige innerstädtische Haupteingang zur Innenstadt, von der Jakober Vorstadt zur Oberstadt, hätte dadurch ein triumphales, modernes Entree erhalten – Signal für die wirtschaftlich aufstrebende bayerische Industriestadt.

Ab 1860 wurden im Zuge der Stadterweiterung schließlich sämtliche inneren Tore und die meisten äußeren beseitigt. Vollständig fiel der Mauerzug an der Westflanke der Oberstadt, wo ihn der mondäne, großstädtische Prachtboulevard Fuggerstraße – Königsplatz – Kaiserstraße (Konrad-Adenauer-Allee) ersetzen sollte. Die Grenzen in und um die Stadt waren damit gefallen, überschreitbar geworden. Nur Vogeltor und Jakober Tor kommt heute noch eine gewisse städtebaulich ordnende Funktion zu. Das freigestellte Wertachbruckertor fungiert als romantische Staffage am Rande einer Grünanlage. Von Holls Roten Tor hat die Freilichtbühne Besitz ergriffen – aus gebauter Demonstration machtpolitischen und ästhetischen Anspruchs wurde bloße, dekorative Kulisse.

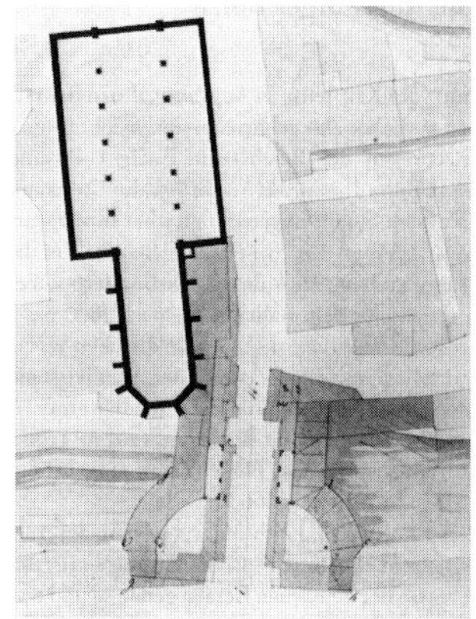

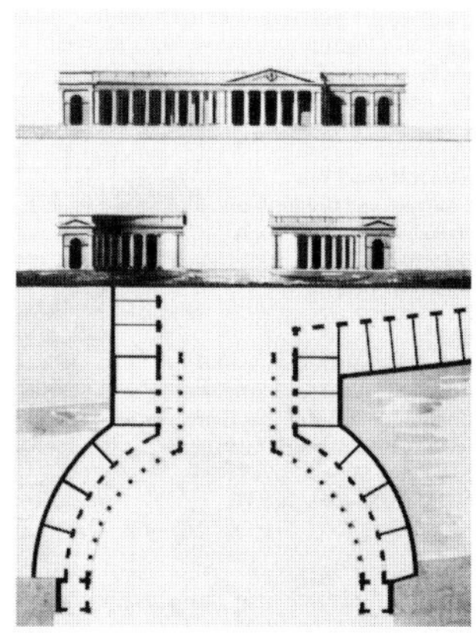

Projekt für ein Rondell vor der Barfüßerbrücke, August Voit, um 1825.

Frauentorturm von Süden mit Fresken von Johann Mathias Kager, um 1611. Kupferstich von Simon Grimm, um 1680.
Das große Historienbild an der Turmfassade schilderte die Kaiserwahl Karls V., an der Kardinal Matthäus Lang als Wahlkommissar maßgeblich beteiligt war. Aus kaisertreuer Gesinnung bestach damals der gebürtige Augsburger die Kurfürsten.

Barfüßertor von Osten. Kupferstich von Simon Grimm, 1682.
Die Fresken Hans Freybergers von 1610/12 stellten über der Tordurchfahrt die Kreuzigung Christi und im Hauptbild die Unterwerfung König Berengars vor dem späteren Kaiser Otto I. im Jahr 952 in Augsburg dar.

Die Schülesche Kattunmanufaktur
Fabrikdirektor spielt Schloßherr

Die Stadt Augsburg ist schon seit dem 17. Jahrhundert auf ihrer dem Lech zugewandten Seite umgeben von einer Reihe handwerklicher Betriebe. Für ihre Produktion auf das Wasser angewiesen, nutzten sie die günstige Lage an den vom Fluß abgezweigten Kanälen. Allerdings liegt keines der großen Tore zu den wichtigen Ausfallstraßen auf dieser Seite der Stadt. Nur auf der Südseite, vom Roten Tor aus, führen die wichtigsten Routen nach Südosten, nach Friedberg/München, und nach Süden, Richtung Haunstetten und ins Allgäu. Und hier, an einer prominenten Stelle vor den Wällen, errichtete Johann Heinrich Schüle 1770-72 in einem alten Bleichgarten seine Kattunmanufaktur.

Der Bau war Ausdruck des außerordentlichen Anspruchs und der Fähigkeiten des Bauherren, und wurde zugleich zum Ausdruck von Augsburgs Wirtschaftskraft. In Augsburg selbst gab es zu dieser Zeit keinen vergleichbaren Bau in solch exponierter Lage, sieht man ab von den an künstlerischer Qualität weit überlegenen Wohnbauten innerhalb der Stadt.
Mit der Konzeption seines auf großartige Wirkung berechneten Fabrikationsgebäudes, das zugleich als repräsentativer Wohnsitz der Fabrikherren diente, war Schüle kein Einzelgänger. Es sei hier verwiesen auf die Papiermanufaktur von Montargis, in einem Stich von 1751 überliefert, und in der schloßartigen Anlage durchaus vergleichbar. Rein aus praktischen Bedürfnissen bei dem komplizierten Verfahren des Kattundruckens war die Lage am fließenden Wasser geboten, nämlich an der Gabelung von Wolfsbach und Kaufbach, beim alten Platz „Bachwirt". Hier – an der heutigen Einmündung der Friedberger Straße – war durch die Plazierung der Schüleschen Fassade zum Bachwirt-Haus eine platzartige Situation mit Straßeneinschnürung entstanden, eine Art Torsituation ohne Befestigung. Gegenüber der Kattunfabrik befand sich ein wichtiges Holzlager der Stadt und es wurde Pferdemarkt abgehalten (woran noch heute die Plastik „Pferdeschwemme" erinnert).

Seit Ende April '96 zeigt sich die Schülesche Fabrik als Ruine. Der ehemals langgestreckte Bau, der auf der südlichen Seite durch die Rote-Torwall-Straße eingegrenzt war, ist gefallen und nur der schmale Rest mit drei Fensterachsen ist geblieben. Es ist der Eckpavillon, dessen Zuordnung sich erst richtig von der Friedberger Straße aus erschließt.
Der Bau als Ganzes war ein „Flaggschiff der deutschen Industriearchitektur". Unmmittelbar vor den Wällen der Stadt kam der dreiflügelige, dreigeschossige schloßartige Bau mit seinem prunkvollen Abschlußgitter für den Innenhof wirkungsvoll zur Geltung. Die beiden 100 m langen Flügel mit 26 Fensterachsen waren durch den leicht konkav geschwungenen Mitteltrakt verbunden, der risalitartig mit Wandpfeilern gegliedert ist.

Folgt man den historischen Ansichten, dann scheint der Bau, vom Augsburger Baumeister Leonhard Christian Mayr ausgeführt, auf Wirkung nach allen Seiten hin konzipiert. Heute gilt der Mitteltrakt unter anderem wegen seiner bauplastischen Details als „Kopfbau" von besonderem Wert.
Doch das Abschlußgitter samt Portal, das bis 1927 am westlichen Ende den Hof abschloß, kann nicht als „Hintereingang" gelten, vielmehr war in der Zeit des Erbauers hier der repräsentative Eingang. Die Straßenbenennung „Schülestraße" trägt diesem Umstand Rechnung.
Schließlich boten sowohl dem von Süden – von München/Friedberg-Kommenden –, wie auch von Nordwesten – von der Torbrücke des Roten Tors aus – die langgestreckten Flügel einen imposanten Anblick. Ihre Fassadengliederung war größtenteils gemalt. Der Mittelteil der Nordfassade war – wohl weil von der vorbeiführenden Straße in nächster Nähe zu sehen - mit schlichten Fensterbekrönungen plastisch akzentuiert.

Nachdem 1967 das „Gläserdreieck" auf der Kreuzung Friedberger Straße/Rote-Torwall-Straße der Verkehrsführung hatte weichen müssen,

Die Schülesche Kattunmanufaktur von Südosten, Johann Michael Frey d.J., um 1830.

bekam die Längsfront des Nordflügels des Schüle-Baus einen den Straßenraum eingrenzenden Charakter und wurde – wenn auch äußerst sparsam – modernisiert.

Nach dem Konkurs des Naglerschen Textilunternehmens war der Gebäudekomplex vom Abriß bedroht. Um das zu verhindern, veranstaltete der BDA 1994 eine Architekten-Werkstatt. Dabei wurden Vorschläge präsentiert, die dem Bau etwas von seinem Gewicht im städtebaulichen Kontext zurückgeben sollten, das verloren gegangen war durch die hohen Bauten in unmittelbarer Umgebung. Nur mit einem turmartigen Hochhaus am Ende eines Seitenflügels schien es möglich, dem Bau von neuem Aufmerksamkeit zu verschaffen.

Inzwischen – nach Abriß der Seitentrakte – hat der Bayerische Staat das Grundstück für die Fachhochschule erworben. Die Fachbereiche Gestaltung, Wirtschaft und Informatik sollen hier ihren Sitz finden, ein Architekturwettbewerb soll 1998 ausgeschrieben werden. Geplant ist, den alten Mitteltrakt zu erhalten und die Seitenflügel in ihrer ursprünglichen Höhe und Länge wieder zu errichten.

Nordflügel der Textilfabrik Nagler & Sohn (ehem. Schülesche Kattunmanufaktur) vor dem Abbruch.

Beginn der Abbrucharbeiten am Nordflügel im April 1996.

Naglersche Fabrik nach dem Abbruch des Nordflügels.

Werkstatt Schülesche Fabrik 1994. Turmhausprojekt der Arbeitsgruppe Christian Schaller und Ivano Gianola.

Augsburg – eine Stadt am Fluß? Lech und Wertach bleiben unauffällig

Augsburg ist keine Stadt am Fluß sondern eine Stadt zwischen zwei Flüssen. Vom Trinkwasser bis zu den Mühlrädern und der Textilindustrie waren die Flüsse die Lebensader.
Doch die Flüsse sind außerhalb der Stadt und für ihr Erscheinungsbild spielen sie kaum eine Rolle. Allein an den Zugängen zur Stadt, den Brücken, werden die Flüsse erlebbar – sind Brücken doch Bauten, die zeichenhafte Inszenierungen geradezu herausfordern.

Bei den Augsburger Flußbrücken steht das Funktionale immer im Vordergrund. Brücken sind Verkehrsbauten. Über sie rollt der Strom von Fahrzeugen und Fußgängern, der Strom unten spielt dabei keine Rolle. Unmerklich betritt der Besucher die „Insel" zwischen Lech und Wertach. Der Übergang über den Fluß selbst, und damit das Einfahren in die Stadt jenseits des Flusses, wird nicht inszeniert. Daß die Konstruktionen der Lechbrücken oft von hoher Eleganz sind, sieht nur der Fußgänger unterhalb der Brücke. Auf der Brücke markieren allein die Brückengeländer und ein wenig Kunst am Bau den Augenblick der Überquerung.

Das Flußbett von Lech und Wertach wurde durch Regulierungen und Kanalbauten immer schmäler, die Verkehrsströme gerieten dagegen außer Kontrolle und schufen sich ein immer breiteres Bett. Was um 1900 an der Wertachbrücke so großzügig angelegt worden war, mit einer neuen weitgespannten Eisenbrücke, mit breiten Trottoirs und üppig bemessener Fahrbahn samt Trambahngleis, platzte bereits wenige Jahrzehnte später aus allen Nähten.
Die Straße wurde breiter, ebenso die Brücke, die stadttorartig gegenüber stehenden Häuser kamen in Bedrängnis, verloren ihre städtebauliche Bedeutung, wurden vom Verkehr ins Abseits gerückt. Der Platz dazwischen war nur noch eine rettende Warteinsel für den Trambahngast, Unterführungen ermöglichen ihm, den nicht abreißenden Verkehrsfluß zu unterwandern. Eine Einfahrt, ein Brückenerlebnis gab es nicht mehr, jegliche städtebauliche Zäsur ging im Verkehr unter.

Dann lockte ein radikaler Neubeginn: 1960 sah die Verkehrsplanung vor, die Brücke mittels einer zusätzlichen Hochbrücke zu verdoppeln.
In weiten Bögen sollte eine Hochstraße auf den Zufahrtsstraßen Anlauf nehmen, um vor den Fenstern der anliegenden Häuser ihren Höhepunkt zu erreichen und dann hochgestelzt über die Wertach zu führen. Der einfahrende Verkehr wäre als freundliche Willkommensgeste oben geführt worden, die Herausfahrenden wären unten geblieben.
Aus heutiger Sicht eine Planung aus dem Horrorkabinett der Verkehrsplanung; doch damals schien die Verdoppelung der Straßen die einzige Antwort auf die Verdoppelung des Verkehrs.

Eisenkonstruktion der Wertachbrücke um 1900.

Der Alptraum blieb Traum. Als typisches Signal der 70er Jahre wurde dann die Trambahninsel mit einem (damals orangen) Zeltdach markiert, ein Miniaturableger der Zeltdachbegeisterung der Olympiazeit ´72. Knallorange und topmodern präsentierte sich die Stadt damals. Anrührend erscheint dagegen der in den 80er Jahren ausgeführte Rückbau der Ulmer Straße, mit Parkbuchten zwischen japanischen Kirschbäumen – rosa Watteblüten gegen graue Vorstadtfassaden. Die eigentliche Einfahrtsituation an der Wertachbrücke harrt dagegen noch einer angemessenen architektonischen, städtebaulichen und verkehrsordnenden Gestaltung. Um gegen den reißenden Verkehrstrom ein prägendes Zeichen zu stemmen, bräuchte es mehr als Wartehäuschen, Kirschblüten und Wegweiser. Wie stark müßte ein architektonisches Zeichen sein, das der Dominanz des Verkehrs gewachsen wäre?

oben
Projekt für eine Hochstraße über die Wertachbrücke, 1960.

„Torbauten" an der Westseite der Wertachbrücke, um 1900.

Heutiger Zustand der Kreuzung Wertachbrücke – Ulmer Straße – Donauwörther Straße.

Vorbild große Weltstadt
Ergebnis kleine Großstadt

rechte Seite von oben nach unten

Rote-Tor-Schule,
Georg Müller, 1900/01.

Staats- und Stadtbibliothek,
Martin Dülfer, 1893.

Stadttheater,
Büro Fellner & Helmer, 1876/77.

unten
Ludwigsbau im Wittelbacher Park,
Stadtbaurat Otto Holzer, 1914.

1911 wurde endlich die magische Grenze von 100.000 Einwohnern überschritten.
Augsburg wurde in den Kreis echter Großstädte aufgenommen. Dies war allerdings nur durch die Eingemeindung einiger Vororte zu schaffen, so Pfersee mit fast 11.000 und Oberhausen mit etwa 10.000 Einwohnern. Die Freude über den Großstadtstatus wurde im gleichen Jahr pompös gefeiert. Die Jahre davor waren geprägt durch das eifrige Bemühen, wenigstens optisch eine moderne Großstadt zu werden. Man wollte herauskommen aus der Enge der mittelalterlich dimensionierten Stadt, den engen dunklen Gassen, den schmalen Verkehrswegen, den immer noch schlechten technischen und hygienischen Zuständen.
Als erstes mußte die Stadtbefestigung fallen. Seit 1860 wurde dieser Plan verfolgt. Das große Vorbild war Wien, das 1857 mit dem Schleifen der Ringmauern begonnen hatte und nun eine moderne Ringstraße mit gewaltigen neuen Bauten in Angriff nahm. Auch in Augburg wollte man das altstädtische Gefüge im Inneren erhalten, auf den neugeschaffenen Freiflächen aber ein neues, modernes Augsburg errichten. Das Schleifen der mittelalterlichen Wälle und Toranlagen war ein Befreiungsakt, das Bauprogramm eine verkleinerte Kopie nach großem Vorbild. Vom Roten Tor bis zum Klinkertor sollte eine breite Allee entstehen, mit noblen Mietswohnhäusern und einem Boulevard für Flaneure mit einer eigenen Trasse für die Sonntagsreiter. Am Königsplatz begann das neue Geschäftszentrum, das die alten Märkte entlang der Maximilianstraße ablöste und die Einkaufsstraßen zwischen Moritzplatz und Bahnhof in Ost-West-Richtung aufspannte. Nördlich des Königsplatzes bemühte man sich ganz bewußt um großstädtische, moderne Bauaufgaben: Justizpalast, Banken, Volksschule und Gymnasien, Staatsbibliothek, Theater. Mietdroschken und Straßenbahnen, Gasbeleuchtung und Kioske vervollkommneten das großstädtische Programm. Bei der Architektur achtete man auf aktuelle Bauformen, ging beim Theater mit dem Büro Fellner & Helmer ganz auf Nummer sicher, denn dieses Büro baute Theater in ganz Europa, nicht zuletzt in

Wien. Beim Justizpalast wurde mit Theodor Reuter gleich ein Wiener Architekt bemüht. Mit Martin Dülfer verließ man sich bei der Staatsbibliothek auf einen Mann der Münchener Architektur-Schule.
Die städtebauliche Idee war, parallel zur alten Stadtachse Maximilianstraße eine neue Achse zu schlagen, die alte weitgehend unverändert zu lassen, aber beide Straßenzüge mit Verbindungsstraßen aneinander zu koppeln. Dazu entstanden nach 1910 die Bürgermeister-Fischer-Straße und nach 1920 der Stadtmarkt als fußläufige Verbindungsstrecken.
Der zunehmende Autoverkehr machte diese Idee letztlich zunichte. Die Strecke vom Roten Tor zum Theater gehört den Autos, der Königsplatz ist durch Verkehrsströme zerstückelt, der Platz vor dem Theater ist kein Platz sondern eine Kreuzung.
Großstadt wird in Augsburg heute in erster Linie durch die Dichte des Verkehrs und die Erreichbarkeit von Parkplätzen definiert. Warum man in eine Großstadt fährt und wozu man dort parkt, scheint dagegen in Vergessenheit geraten zu sein.

Macht und Stolz
Kasernen und Wohnhöfe an den Stadteinfahrten

An den neuen Ausfall- und Einfahrtstraßen des 19. Jahrhunderts entstanden die neuen Stadttore. Jetzt nicht mehr mit traditionellen Verengungsbauten, die bei Nacht geschlossen werden konnten, sondern als bildhafte Straßenrandbebauung, die eher symbolisch auf den Beginn des Stadtgebiets hinweist. Nachdem 1866 durch Erlaß König Ludwigs II. Augsburg aus der Verantwortung einer Festungsstadt entlassen wurde, konnten die alten Stadtmauern endlich geschleift werden. Als militärische Signale waren die alten Bastionen ohnedies längst unbrauchbar geworden.
Der bayerische König setzte jetzt ganz andere Präsenz. Von Süden her kommend traf der Reisende an dem neuen wichtigen Stadtzugang der Gögginger Straße auf eine große Kaserne, die den Besucher ein Stück weit in die Stadt begleitete. Ebenso markierte die neue Prinz-Karl-Kaserne (1883-84) den Beginn des neuen gründerzeitlichen Stadt- und Wohngebiets, des Bismarck-Viertels. Die Übungsflächen des Großen und des Kleinen Exerzierplatzes lagen an der entgegengesetzten Seite der Stadt im Norden. Zweimal am Tag zogen deshalb die Militäreinheiten durch die Vororte und die Innenstadt und machten damit unübersehbar die Machtverhältnisse in der bayerischen Kreishauptstadt deutlich. Mit den neuen Kasernen an den Ausfallstraßen wurde militärische Präsenz, als Antwort auf die Revolution von 1848, massiv in das Stadtbild eingebracht.
In wenigen Minuten konnten die bewaffneten Einheiten die Innenstadt erreichen oder die Stadtzugänge kontrollieren.

Ein ganz anderes Willkomm-Zeichen setzten die Zeiten der Weimarer Republik. Unter der Amtszeit des sozialistischen Bürgermeisters Ackermann wurde ein breit angelegtes Wohnungsbauprogramm verwirklicht.
Die Wohnungsbauten wurden bewußt an die belebten Einfahrtstraßen und Torsituationen an den Stadträndern gelegt. So der Eschenhof an der Donauwörther Straße, die Wohnhöfe an der Rosenaustraße, der Zeppelinhof als Auftakt eines neuen Wohnviertels auf dem Hochfeld, die sogenannte „Lechburg" als Brückenkopf nach Lechhausen. Oft standen die Bauten bei ihrer Fertigstellung allein auf weiter Flur, Signal und Initial für die nachfolgende Bebauung.
Die Architektur unterstützte diese Wirkung durch zeichenhafte Bauelemente, expressive Turmbauten, langgestreckte Baukörper, modernste Bauformen. Otto Holzer wählte für den Richard-Wagner-Hof einprägsame Pultdachtürme als Erkennungszeichen. Thomas Wechs verwirklichte mit dem Schubert- und Lessing-Hof einen der ganz wenigen, programmatisch modernen Bauten im Stil der Bauhaus-Moderne in Bayern. Damit wurden die Bauten auch politische Signale einer vorwärtsgewandten Stadt. Noch einmal, nach dem „Ringstraßenprogramm", scheint Wien als Vorbild für die Augsburger Bauprogramme gestanden haben. Denn nur dort, im Roten Wien, mit dem Flaggschiff Karl-Marx-Hof, finden sich Denkmäler des sozialen Wohnungsbaus in derartiger Dichte und mit einem vergleichbaren Signalcharakter. In Wien wie in Augsburg sind die Wohnhöfe gebaute Manifeste einer sozialen Wohnbaupolitik, die in ihrer Architektursprache bis heute deutlich ablesbar ist.

links
Hindenburg-Kaserne
1867-70,
Luftaufnahme
vor dem Teilabbruch 1988.

rechts
Schuberthof,
Thomas Wechs, 1928-29.

links
Hindenburg-Kaserne,
Flügel an der Gögginger Straße
vor dem Abbruch 1988.

rechts
Eschenhof,
Otto Holzer, um 1928.

unten
Lechburg,
1924-25 von Thomas Wechs
als Werkswohnungen für die
Stadtbachspinnerei errichtet.

Aufgang

Die Planungen der NSDAP für ein neues Augsburger Stadtzentrum, das „Gauforum", waren ein gewaltiges Propagandaprogramm der Partei. Doch es sollte nicht nur bei den aufwendigen Großmodellen bleiben. Die grobschlächtigen Bauten sollten tatsächlich im Bereich von Königsplatz, Beethovenviertel und Hermanfriedhof entstehen. Für 1954 war die Fertigstellung geplant. Einige jüdische Grundstückseigner wurden verdrängt; für die arischen Hausbesitzer und Mieter, die den Großbaumaßnahmen weichen mußten, wurden in der Neidhardtstraße 6 und 6a Ersatzwohnungen errichtet; Grabbesitzer am Hermanfriedhof wurden zur Aufgabe ihrer Gräber bewegt. Dann kam der Krieg und alle Finanzmittel flossen in die Rüstung. Augsburg blieb vom gebauten Größenwahn verschont.

Präsentation des Großmodells zum Gauforum im Oberen Flez des Augsburger Rathauses

Nationalsozialistischer Größenwahn
Eine Stadt unterwirft sich dem Führer

Adolf Hitler war Mitte November 1937 zur 15-Jahr-Feier der NSDAP-Ortsgruppe zwei Tage in Augsburg. Im Rathaus wurden ihm Pläne einer von Thomas Wechs entworfenen neuen Stadthalle vorgelegt. Diese war notwendig geworden, weil der größte Hallenbau der Stadt, die Sängerhalle, im April 1934 abgebrannt war. Hitler verfügte, daß Augsburg nicht, wie seit einiger Zeit diskutiert wurde, dem Gau München-Oberbayern eingegliedert werde, sondern Gauhauptstadt des Gaues Schwaben bleiben solle. Deshalb wurde nicht nur eine Stadthalle, sondern ein Parteizentrum, ein Gauforum benötigt. Hitler zog mit rotem Buntstift ein paar Kästchen auf einen vorgelegten Stadtplan, die dann, mit einer Weiheinschrift versehen, als genialischer Entwurf des „größten Baumeisters" verbindlich wurden. Architekt Hermann Giesler, zweitwichtigster Architekt des NS-Regimes neben Albert Speer, und der Augsburger Bauamtsleiter Sametschek wurden beauftragt, diesen „Entwurf" weiter auszuarbeiten.
Geplant war eine große, schnurgerade Hauptachse entlang der Fugger- und Kaiserstraße, parallel zur Maximilianstraße, vom umgebauten Stadttheater bis zum Kaiserplatz (heute Theodor-Heuss-Platz). Dort sollte ein Rundplatz mit einem Schauspielhaus, dem Gauarchiv, einem Divisionsstabsgebäude und einem Polizeipräsidium entstehen. Die 1200 Meter lange Straße hätte man auf eine Breite von 48 Metern freigeräumt. An ihr sollten ein Großkino, die Kreisleitung der NSDAP, die Reichsbank, der Nationalverlag und die Stadtsparkasse neu entstehen.
Der Justizpalast wurde geringfügig umgebaut. Für die Halderstraße war ein Hotel auf dem Gelände der Synagoge, das Hauptzollamt, die Allgemeine Ortskrankenkasse und der Verwaltungsbau der Lechwerke vorgesehen.

Am Kreuzungspunkt dieser beiden Straßen sollte das Forum des Gaus Schwaben entstehen. Ein Aufmarschplatz war 5 Meter über dem Niveau der Straße erhöht. Eine 80 Meter breite Freitreppe lag im Norden. Bis zu 60.000 Menschen konnten auf dem Platz antreten.
Drei Kellergeschosse boten Platz für Parkgaragen und Luftschutzräume. Zur Fuggerstraße sollte der Platz durch eine 180 Meter lange Arkade begrenzt werden, mit Ausstellungsflächen und Geschäften. Nach Süden schloß den Platz das Gauhaus ab. Der rechteckige Bau von 90 x 140 Metern Grundfläche mit zwei Innenhöfen und vier massiven Eckrisaliten sollte neben Repräsentations- und Amtsräumen der Partei auch einen Kongreßsaal beherbergen.
Im Erdgeschoß war ein Ausstellungsraum für „Erzeugnisse deutscher Wertarbeit" vorgesehen.
Im rechten Winkel zum Gauhaus war die Gauhalle geplant, ein flacher, langgestreckter Mehrzweckbau. Er war durch eine Loggia mit dem 116 Meter hohen Glockenturm verbunden, dem neuen Wahrzeichen Augsburgs.
Das geplante Ensemble sollte, wie aus zeitgenössischen Quellen hervorgeht, ein Pendant zum bestehenden Mittelpunkt der Stadt aus Rathaus, Rathausplatz und Perlachturm werden, diesen jedoch in seinen Ausmaßen überbieten.
Nicht mehr der Bürgerstolz mit Rathaus und Perlach, sondern die Macht der Partei und der Rausch der Massenaufmärsche mit Parteigebäude und Gauforum hätte die Augsburger Innenstadt geprägt.
Stilistisch orientierte sich die Planung an den Renaissancebauten Elias Holls, vergröberte diese aber zu einer monumentalisierten Formensprache eines faschistischen Primitiv-Klassizismus.
Von all diesen Plänen wurde lediglich der Umbau des Stadttheaters, die Abholzung der Alleebäume an der Fuggerstraße und ein vergröbertes Eingangsportal am Justizpalast verwirklicht. Der Kriegsbeginn zwang „zur Umleitung der bereitgestellten Mittel".

Rechte Seite
Modell der „Straße des Führers".

Großmodell des Gauforums, Hermann Giesler, 1939.

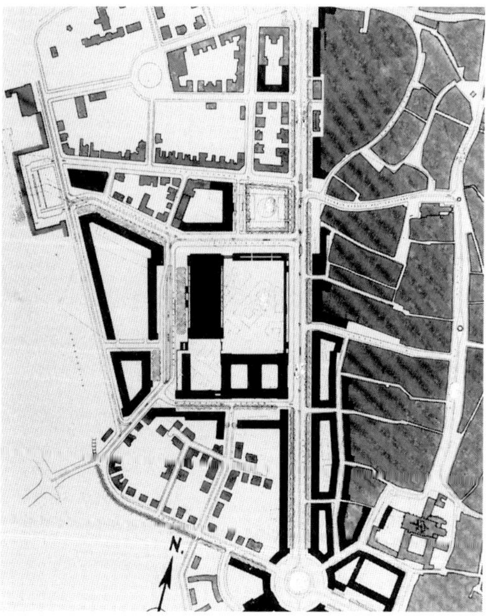

Lageplan der „Straße des Führers" zwischen Stadttheater und Mussolini-Platz (heute Theodor-Heuss-Platz).

Leergebombt und plattgemacht

Die autogerechte Altstadt

Seit den 20er Jahren gab es Bestrebungen, dem zunehmenden Autoverkehr im engen Straßennetz der Altstadt breitere Schneisen zu schlagen. Als besonders unvorteilhaft wurde bewertet, daß die breite Maximilianstraße vor St. Ulrich in enge Gassen versickert. Versuche, östlich von St. Ulrich eine Verbindungsstraße zum Roten Tor zu erzwingen, scheiterten immer wieder. Ebenfalls unglücklich war man, daß in Augsburg keine leistungsfähige West-Ost-Straße zur Verfügung stand. Im Rahmen der nationalsozialistischen Großplanungen waren eine ganze Reihe neuer Verkehrsstraßen durch die Altstadt geplant, die eine Anbindung der Aufmarschachse an die Ausfallstraßen schaffen sollten. Keine dieser Planungen wurde realisiert. Schließlich war es das schreckliche Fanal des Naziregimes, der verheerende Bombenangriff auf Augsburg, der den Straßenplanern endlich die Gelegenheit gab, die Altstadt dem kommenden Autoverkehr anzupassen.

Die Planungen für eine Ost-West-Achse lagen bereits in den Schubladen, als Heinrich Götzger 1946 das Stadtplanungsamt übernahm. Sein Vorschlag, die Straßenachse vom Stadttheater über die Grottenau und den Schmiedberg in die Jakoberstraße und über St. Jakob bis zum Jakober-Tor zu führen, wurde in den 50er Jahren von Stadtbaurat Walther Schmidt vollendet. Es wurde eine Straße geplant, die ganz vom neuen Geist eines modernen Nachkriegs-Augsburg geprägt sein sollte. Nur wenige erhaltene historische Bauten blieben wie Stockzähne im oberen Teil des Planungsgebietes stehen. Im Bereich der Pilgerhausstraße wurde großzügig abgeräumt – das Arme-Leute-Viertel galt nicht als erhaltenswert und das Flächenbombardement hatte kaum etwas übrig gelassen. Um vom Image der „Kaputten Stadt" wegzukommen, wollte man durch eine moderne Verkehrs- und Einkaufsstraße ein neues, zukunftsorientiertes Augsburg aufbauen. Daß Bombardierungen eine Chance für einen wirklichen Neubeginn seien, daß sie eine wirkliche Stunde Null des Städtebaus markierten, geisterte damals in den Köpfen der Städtebauer. In einer stark traditionell geprägten Stadt wie Augsburg war dies nur an dieser Stelle möglich. Der härteste Eingriff in die Stadtstruktur wurde denn der Bereich der Pilgerhausstraße: hier entstand ein völlig neuer, überbreiter Straßenzug mit moderner Straßenrandbebauung. Die von Adolf Abel 1946 empfohlene Trennung von Autoverkehr und Fußgängern konnte man nur auf diesem kleinen Stück der Pilgerhausstraße verwirklichen. Dort wurden die Fußgänger von den motorisierten Verkehrsteilnehmern getrennt und in einer Passage durch Wohnhöfe geleitet.

Ein Bau von höchster architektonischer Wirkung mußte an der städtebaulich entscheidenden Stelle, der Gabelung des neuen Leonhardsberges und des alten, kleinstrukturierten Schmiedberges, entstehen. Architekt Raimund Doblhoff setzte in die Verkehrsbrandung als Wellenbrecher einen hochstrebenden, modernen Apartmentblock, den „Ulrichsbau". Das Haus war elegant, modern, mit Hotel, Kino und Penthouse fast schon mondän geplant. Das alte Stadtbad verschwand hinter einem Hochhausbau Wilhelm Wichtendahls, dem die integrierte Tankstelle den Namen „Fina-Hochhaus" gab. Die Tankstelle markiert die Einfahrt für den Automobilisten. Neues Zentrum der autogerechten Stadt wurde der Ernst-Reuter-Platz mit Hochgarage, Tankstelle und Servicestation.

Schließlich manifestierte die Schwäbische Landeszeitung, heute Augsburger Allgemeine, mit einem neuen Druck- und Verlagsgebäude inmitten der neuen Straße ihre zentrale Rolle und ihre Verwurzelung im neuen Augsburg.

linke Seite
Leergeräumte Jakobervorstadt mit Schuttbahn.

„Ulrichsbau" zwischen Schmiedberg und Leonhardsberg, Entwurf von Raimund Doblhoff.

unten
Gebäude der Schwäbischen Landeszeitung (heute Augsburger Allgemeine) in der Grottenau.

Schöne neue Welt

Wohnen in der Trabantenstadt

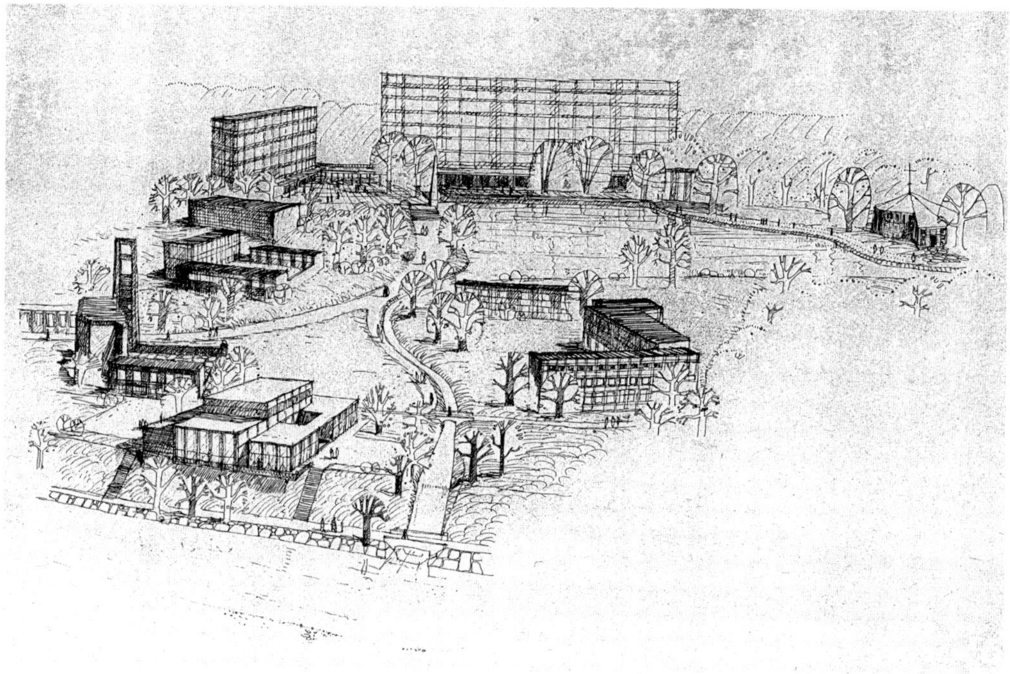

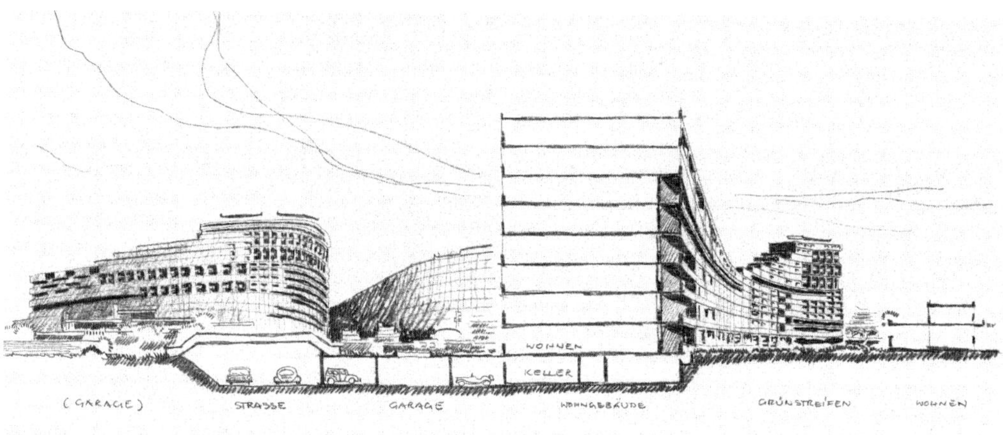

Idealentwurf einer Wohnstadt in Hochzoll-Süd von 1957. Stadtbaurat Walther Schmidt, Oberbaurat Vinzenz Eisinger, Dipl. Ing. Hille Demmler-Mosetter und Dipl. Ing. Friedrich H. Stab

Projekt einer Wohnstadt auf dem ehemaligen Messerschmitt-Gelände. Ulrich Englaender und Dietrich Fuchshuber, um 1970.

Es wäre so schön gewesen: sanft schlängeln sich die Fußwege durch eine üppig begrünte Stadtlandschaft. An den befestigten Ufern des Lechs ergehen sich die Bürger auf einer Promenade. Ein modernes Gemeinschaftshaus ragt in die Flußlandschaft, innen bieten Konzert- und Lesesäle den Bürgern Freude und Erquickung. Frei gestreut in die Parklandschaft stehen Schulen und Wohnbauten, die Autos sind weit weg in unterirdischen Garagen abgestellt und über Rampen läuft der Fußgänger heiter in seinen Reihenbungalow.
Diese Utopie hielten 1957 die Augsburger Stadtplaner den Bewohnern von Hochzoll vor die Nase, nicht als Vision, sondern als Rüge, denn die Wirklichkeit sah damals ganz anders aus. Stadtbaurat Walther Schmidt, Oberbaurat Vinzenz „Vino" Eisinger, die Diplomingenieure am Stadtbauamt Hille Demmler-Mosetter und Friedrich H. Stab hatten sich die Mühe gemacht, eine Idealversion eines neuen Stadtteils zwischen Lechauen und Bahnlinie zu entwickeln, obwohl die schnurgeraden Straßenläufe, der Wildwuchs des Kleingewerbes und die planlose Zersiedelung mit Eigenheimen nicht mehr zu stoppen war. Ihr Ideal eines Vorstadtzentrums von 1957 vermittelt heute den Charme einer DDR-Aufbauleistung – naiv in seiner Konzeption, denn die Umsetzung hätte wohl kaum die städtischen Qualitäten erfüllt, von denen die optimistischen Planer träumten.

Zehn Jahre nach dieser Idealstadt Liliput erarbeitete das Stadtplanungsamt Wohnstadtvisionen, die eher für Goliath geplant scheinen. Auf dem ehemaligen Werksflugplatz des Rüstungsriesen Messerschmitt sollte ein neues Stadtviertel entstehen, ein Trabant, eine Entlastungsstadt für die aus allen Nähten platzenden Altstadtquartiere. Mit kühnem Schwung werden die Wohnhäuser zu Gebirgen aufgetürmt; länger, höher, flotter. Parallelen finden sich in Berlin oder in München-Perlach. Die Autos stehen in Tiefgaragen, oben gehen Familien ungestört zwischen den Terrassenhäusern spazieren, dazwischen spielen die Kinder.
Erst heute, nach den vorwiegend schlechten Erfahrungen mit solchen Großstrukturen, wird die Brüchigkeit dieses Ideals deutlich. Doch damals, in den späten 60er Jahren, sah so der Traum des neuen Wohnens aus. Ob die dann gefundene Kompromißarchitektur im neuen (nördlichen) Teil des Geländes Alter Flugplatz, oder gar die zum Teil abenteuerlich pittoresken Wohnbauten im südlichen Teil einem schöneren Leben näher kommen, bleibt abzuwarten. Visionäre Kraft sucht man dort jedenfalls vergebens.

Erste Bauphase am „Alten Flugplatz". Zeitgenössische Aufnahmen von Heinz Egner.

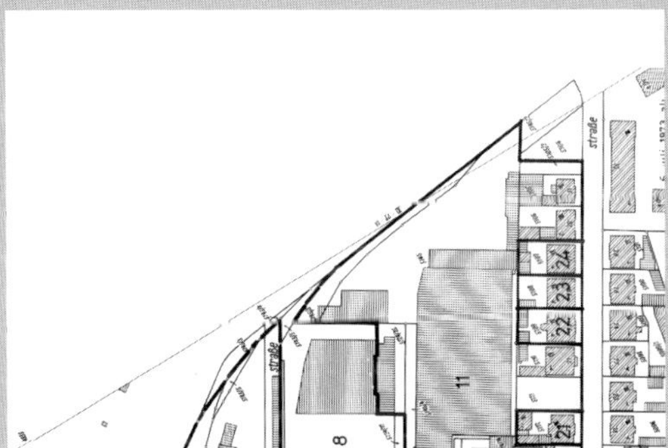

Die terrassierte Makrostruktur hat den Charakter eines halbierten Wohnhügels; unten sind kleinere Apartments und oben zweigeschossige Attikawohnungen eingerichtet. Großzügige Terrassen mit Individualgärten und ohne Einblick von der Gegenseite bringen die Vorteile des Einfamilienhauses mit den Vorteilen einer städtischen Dichte in Einklang.
Gemeinschaftszonen werden nicht in passiven Freihalteflächen angeboten, sondern in kleinmaßstäblichen Intensivnutzungsbereichen.
Die Abschirmung der introvertierten Wohnbereiche gegen Lärmimmissionen von Straßen und Bahn ist automatisch erreicht durch rückwärtig gelegene klimatisierte Arbeitsbereiche.
In teilweise abgetieften Atrien sind Privatgärten mit Zierteichen vorgesehen.
Die unmittelbare Zuordnung von Nebenräumen für Hobby und Freizeit auf der gleichen Etage wie die Wohnung sowie eines Hallenbades sind ein großer Vorteil für das hier angestrebte bessere Wohnen mitten in der Stadt.

Zürich, 5. Juli 1973
Prof. Dr. Justus Dahinden, Zürich und Wien, Projekt für eine Wohnanlage gegenüber der Kongreßhalle.

Gögginger Tor
Friedhof der Visionen

Der Bauplatz liegt zwischen Gögginger Straße und Bahngelände, direkt an der Bahnbrücke. Das Gelände liegt brach, alter Baumbestand, Hügel zeugen von Erdbewegungen.
Unter diesem Erdhügel liegen die Visionen wie in einem Massengrab. Das Göggingertor ist wieder einmal baureif. Eine Bautafel steht bereits und offenbar gibt es auch schon das Modell eines geplanten Kinoriesen, aber nichts tut sich.

Was bisher geschah:
1969. Die Augsburger Architekten Klaus Riedel und Berthold Hartung reichen einen Entwurf ein, der ein Terrassenhaus vorsieht, eine wild übereinander geschachtelte Konstruktion. Fotomontagen belegen die enorme Fernwirkung des Gebäudes, zweifellos ein architektonischer Paukenschlag an einem der prominentesten Bauplätze der Stadt. Von hier aus gehen die Blickachsen bis zum Königsplatz, aber auch von Süden her macht der Bauplatz seinem Namen „Gögginger Tor" alle Ehre: Hier ist wirklich eine neuzeitliche Torsituation gegeben. Danach kommt die Bahnbrücke und dann erst beginnt die eigentliche Stadt. Der Autoverkehr macht an der Kreuzung noch einmal halt, dann fährt man ein in die Zubringerstraßen. Dem Baukunstbeirat erscheint das Gebäude zu hoch, dann hört man nichts mehr.

1970. „Chicago in Augsburg" schimpft die städtische Bauverwaltung das Projekt der Parkbau-Gesellschaft für den Bauplatz an der Gögginger Brücke. Als Pendant zum Hotelturm sind gleich drei weitere runde, über 100 Meter hohe Wohntürme geplant. Locker verteilt auf einem Gebiet, das den benachbarten Bauwarenhändler noch mit einbezieht. Es gibt ein Modell, dann hört man nichts mehr.

1971. Die runden Punkthäuser sind abgeschmettert, jetzt steht wieder ein steil aufgetürmtes Terrassenhaus zur Debatte, doch diesmal mit satten 22 Stockwerken. Ein wahres Prachtexemplar dieser damals sehr verbreiteten Wohnvision. Ein Bild in der Zeitung, mehr Spuren hat das Projekt nicht hinterlassen.

1973. Um diesmal auf Nummer-Sicher zu gehen setzt man auf den Schweizer Stararchitekten Justus Dahinden. Im Augsburger Raum hatte er

oben
1969. Entwurf für ein Terrassenhaus von Klaus Riedel und Berthold Hartung.

unten links
1970. Projekt der „Parkbau-Gesellschaft" für drei Wohntürme.

unten rechts
1973. Modell eines Terrassenhochhauses von Justus Dahinden.

mit dem Kirchenzentrum in Königsbrunn schon einmal eine gebaute Vision verwirklicht und tritt nun mit seiner Vorstellung eines neuen Wohnens am Gögginger Tor an.

1974. Dahinden erweitert seine Planung um den Vorschlag, an dieser Stelle einen signalhaften Bau für das Landratsamt unterzubringen. Ebenfalls in Form eines Terrassenhauses konzipiert, beweist sich die Variabilität dieser modischen Bauform.

Allen bisherigen Entwürfen ist eines gemein: Sie wollen an dieser Stelle ein Signal setzen, durch ein hohes, ausgefallenes, spektakuläres Gebäude, einen Turm, einen betonierten Berggipfel, eine Skyline von Türmen, groß, gewaltig, gewichtig. Es ist die Zeit der großen architektonischen Gesten, auch wenn in den Beschreibungen der Wohnprojekte immer nur von der kleinen „Individualidylle" der Bewohner die Rede ist. Gebaut werden soll ein Fanal, ein Paukenschlag, ein Magenschwinger für die Augsburger Architektur.

1991. Ganz anders in den 90 Jahren.
Auf Samtpfoten schleicht sich ein neuer Entwurf heran und wird mit ebenso samtener Kordel abgewürgt. Der Entwurf, den Architekt Reiner Schulze von 1991-1995 verfolgt, eine leicht abgewandelte Kopie von Martin Ungers Frankfurter Messeturm, wird immer weiter verwässert und nach unten korrigiert. Zwar gesteht man dem Bau noch zu, *die erforderliche Höhe zu haben, um ein Eingangstor zur Innenstadt und ein maßvolles Pendant zum Turm des Kongreßhotels zu markieren*, aber die Folgen einer solchen maßvollen Höhenentwicklung, die spürbar in die Silhouette der Stadt eingreift, schafft Bedenken: *Eine weitere Ansiedelung von Hochhäusern in der Nähe der Augsburger Stadtkrone (St. Ulrich - Rathaus - Dom) ist abzulehnen, da sie eine unverantwortliche Störung des historischen Stadtbildes bewirken würde* (Stadtbaurat Saule in der Bauausschußsitzung vom 10.10.1991).

Der heute an der Bautafel angeschlagene Baublock hat alle Zeichenhaftigkeit verloren, ein Riegel, wie er überall stehen könnte und auch steht. Ende der Diskussion. Vorläufig.

oben
1974. Planung von Justus Dahinden für ein neues Landratsamt.

1991. Entwurf für ein Hochhaus von Reiner Schulze.

Augsburgs höchstes Wohnhaus an der Oberen Lechdammstraße

Gerade noch rechtzeitig vor dem Weihnachtsfest wurde Augsburgs höchstes Wohnhaus, das an der Oberen Lechdammstraße steht und zu dem neuerstandenen Stadtteil am Herrenbach zählt, fertig. Das Bauwerk ist mit seinen zwölf Geschossen, einschließlich Erd- und Dachgeschoß, 36 Meter hoch. Bauherrin ist die Wohnungsgesellschaft „Proviantbach". Die Planung besorgte Architekt Walter Bolkart vom Baubüro der „Proviantbach", während die örtliche Bauleitung Bauingenieur Hans Zollhöfer besorgte. Das Ingenieurbüro Gutmann lieferte die statischen Berechnungen, auf die es bei diesem Bau besonders ankam. Er wurde nämlich völlig in Ziegelbauweise erstellt und die Mauerstärken sind in allen Geschossen gleich; die Außenwände sind 36,5 Zentimeter und die Innenwände 24 Zentimeter stark.

Das zwölfgeschossige Bauwerk beherbergt 66 Wohnungseinheiten. 44 Wohnungen umfassen drei Zimmer, Küche, Bad, WC, Abstellraum und Balkon. 22 dieser Drei-Zimmer-Wohnungen haben dabei eine Wohnfläche von 78, die anderen 22 von 81 Quadratmetern. Die übrigen 22 Wohnungen haben bei einer Wohnfläche von 96 Quadratmetern vier Zimmer, Küche, Bad, WC, Abstellraum und Balkon. Insgesamt wurden bei diesem Bauvorhaben 27 180 Kubikmeter Raum umbaut. 600 Tonnen Zement und eine Million Ziegelsteine wurden dazu gebraucht. Luft und Licht bekommen die 66 Wohnungen durch 356 Fenster und durch 66 Balkontüren.

Beim Ausbau des Hauses wurde vor allem darauf gesehen, den künftigen Mietern, die sich in erster Linie aus Mitarbeitern der Mech. Baumwoll-Spinnerei und Weberei Augsburg, der Muttergesellschaft der Wohnungsgesellschaft „Proviantbach", zusammensetzen, weitgehend Bequemlichkeit zu bieten und ihnen alle Fortschritte der Technik nutzbar zu machen. So wurde der Schall- und Wärmedämmung größte Beachtung geschenkt. Zwei Schnellaufzüge wurden eingebaut, die rasch die Verbindung zu allen Geschossen herstellen. Dabei braucht niemand Angst zu haben, daß er etwa bei einem Ausfall des Stroms per pedes bis ins zwölfte Stockwerk klettern müßte. Ein eigenes Notstromaggregat wurde aufgestellt, das bei einem plötzlichen Ausfall des städtischen Stromnetzes nicht nur die Stromversorgung für die Aufzüge, sondern auch für die Heizung und für die Notbeleuchtung der Treppenhäuser sicherstellt.

Alle Zimmer und Flure der 66 Wohnungen erhielten Parkettböden, während Küchen, Bäder und WC mit Linoleum ausgelegt wurden. Für Fernsehen und Hörfunk wurde eine Gemeinschaftsantenne installiert. Um den Hausfrauen die Arbeit zu erleichtern, wurden auch zwei Müllabwurfschächte eingebaut. Eine Zentralheizungsanlage mit Oelfeuerung vervollständigt den Komfort dieses modernen Wohnhochhauses. An schönen Tagen mit klarer Fernsicht kann man von den oberen Geschossen des Hauses die Alpenkette überblicken. ws.

Der Schillerhof in Oberhausen

Mit einer großzügigen, „Schillerhof" benannten, Wohnanlage auf dem ehemaligen BCA-Platz, die in der Stadt im Endzustand einen Zuwachs von rund 450 Wohnungen bringen wird, schließt die Wohnungsbau GmbH eine weite Lücke im Gefüge des Stadtteiles Oberhausen. Das verkehrsgünstig gelegene und leicht erschließbare Gelände in einer Ausdehnung von rund 45 800 Quadratmetern konnte die Wohnungsbaugesellschaft käuflich von der Stadt und der Katholischen Gesamtkirchenverwaltung erwerben, nachdem die Stadt dem BCA dafür einen neuen, weiter im Norden gelegenen Sportplatz an der Donauwörther Straße zur Verfügung gestellt hatte. Das Hauptprojekt der modernen, durch geräumige Grünflächen kräftig aufgelockerten Anlage umfaßt drei neuartige Stern-Hochhäuser an der Bürgermeister-Bunk-Straße, drei dreigliedrige Wohnblöcke in sonnenwendiger Z-Form, einen Einzelblock und zwei weitere noch im Bau befindliche gewinkelte Wohnblöcke zu beiden Seiten der Eschenhofstraße. Zwei der Sternhäuser und die drei Z-Blöcke sind im ersten Bauabschnitt bereits fertiggestellt worden. Die vorbildliche Wohnanlage ist das Ergebnis eines Wettbewerbes, zu dem eine Reihe namhafter Augsburger Architekten aufgefordert worden war, Entwürfe einzureichen. Einstimmig wurde vom Preisgericht der Lösung von Architekt Georg W. Barnett der erste Preis zugesprochen und der von ihm vorgelegte Bebauungsplan als beispielhaft anerkannt, obgleich er dabei das vom Stadtbauamt ursprünglich festgelegte Straßennetz ignorierte und seinen eigenen glücklichen Ideen frei anpaßte. Unter seiner Oberleitung wurde der erste Bauabschnitt, der bereits 196 Wohnungen bei einem umbauten Raum von fast 56 000 Kubikmetern brachte, zügig im Laufe eines Jahres fertiggestellt. Sechs bekannte Augsburger Baufirmen wurden mit der losweisen Ausführung betraut. Der Rest der Anlage befindet sich ebenfalls bereits im Bau. Die statischen Grundlagen schuf das Ingenieurbüro Rudolf Hockauf.

Alle Bauten auf Beton-Streifenfundamenten mit betonierten Kellern wurden in gediegener Ziegelbauweise mit Stahlbetondecken errichtet. Die Sternhäuser mit sieben Wohngeschossen und einem mit Waschküche, Trocken- und Speicherräumen ausgenutzten achten Obergeschoß wurden durch leicht angehobene Flachdächer, die übrigen vierstökkigen Blöcke durch mit Pfannenziegeln gedeckte Satteldächer gekrönt. Die dreistrahligen markant profilierten Sternhäuser, die sich mit über 18 Metern Höhe aus dem Erdboden erheben, bilden die imposanten Dominanten der sich in wohlabgewogenen Maßstäben harmonisch und lebendig ausbreitenden Wohnanlage, die sich auch durch dezente farbliche Abstimmung der freundlichen und klar gegliederten Fassaden ihrer einzelnen Baukörper auszeichnet.

Die Finanzierung des großzügigen Bauvorhabens, dessen erster Abschnitt über fünf Millionen Mark beanspruchte, erfolgte fast ausnahmslos ohne staatliche Mittel. Lediglich zum Bau eines der Sternhäuser wurden Staatsdarlehen zur Verfügung gestellt. Die Stadt förderte den Bau aus sozialen Gründen durch verlorene Zinszuschüsse zur Verbilligung der Mieten, zunächst auf beschränkte Zeit. Damit wurde erreicht, daß die tatsächliche monatliche Kostenmiete, die 2,20 Mark je Quadratmeter beträgt, in den Sternhäusern auf 1,65 Mark und in den übrigen Wohnungen bis zu 1,50 Mark herabgedrückt werden konnte. Dabei wurden Familien mit mehr als zwei Kindern besonders begünstigt. Die Vergebung der Wohnungen erfolgt durch das Städtische Wohnungsamt. Die ersten Hypotheken stellten die Bayerische Landeskreditanstalt München und zu einem kleinen Teil auch die Bayerische Hypotheken- und Wechsel-Bank zur Verfügung. Es war das besondere Anliegen der Wohnungsbaugesellschaft, im Schillerhof familiengerechte Wohnungen auch für Kinderreiche zu schaffen und ihnen auch ohne Zahlung eines Mieterdarlehens zu schönen, modernen Wohnungen zu verhelfen, erklärt Direktor Vogg.

Dementsprechend wurden überwiegend Wohnungen mit zwei und drei Kinderzimmern geschaffen. Lediglich in den Sternhäusern mit jeweils 28 Wohnungen sind kleinere Wohneinheiten zu je zwei oder drei Zimmern mit Kochnische und Bad von 45 bis 58 Quadratmetern Größe entstanden. In den übrigen Blöcken dieser idealen Wohnanlage wurden Drei-, Vier- und Fünfzimmerwohnungen mit Küche und Bad erstellt, deren kleinste über 55 Quadratmeter und deren größte fast 87 Quadratmeter Nutzfläche bieten. Sämtliche Wohnungen des Schillerhofes besitzen eigene geräumige Balkone. Besonders komfortabel wurden die Hochhäuser ausgestattet. Sie erhielten Selbstfahraufzüge für fünf Personen, mit elektrischen Waschmaschinen und Schleudern ausgerüstete Waschküchen, geflieste Küchen mit Elektroherden und verchromten Spülschränken und elektrische Warmwasserbereiter in den gefliesten Bädern. Die Wohnräume erhielten Linolböden. Die Heizprobleme werden den Mietern durch eine Warmwasser-Zentralheizungsanlage mit vollautomatischer Ölfeuerung abgenommen. Gemeinschaftsantennen für Funk und Fernsehen sind vorhanden. Auch die übrigen Blöcke erfuhren eine gediegene, moderne Innenausstattung. Den Bedürfnissen der Mieter entgegenkommend, wurden hier moderne Zimmeröfen, in den Küchen Gasherde und in den gleichfalls gekachelten Einbaubädern Kohlebadeöfen aufgestellt. Die Wohnräume wurden mit gediegenen Föhren-Riemenböden versehen. Flache Garagenbauten zwischen den Häusern an den Außenrändern des Baukomplexes — für je drei Wohnungen ist eine Garage vorhanden — runden das schöne Bild der mustergültigen Wohnanlage ab. In ihrem weitläufigen Innern werden in Kürze reizvolle Grünflächen mit eingestreuten Kinderspielplätzen entstehen.
ar

"Wie hoch die Häuser hier sind! Ob Entenhausen auch einmal so groß wird? Mir würde das gefallen. Ja, Entenhausen müßte auch Hochhäuser haben."

Donald Duck

45 auf das modernste ausgestattete Eigentumswohnungen beherbergt dieses stattliche, architektonisch ansprechende Gebäude an der Ecke Eserwall- und Hochfeldstraße, in unmittelbarer Nähe des Roten Tores. Zeichnung nach einem Modell von Arch. Schrammel

Neunstöckiges Hochhaus

im Zentrum von Haunstetten

Die Firma Gebr. Höltl schuf mit einem Hochhaus und zwei Wohnblöcken weitere 84 Wohnungen

Bilder (2): Engert

Foto: Lankes

Hochhaus mit 27 Wohnungen in Göggingen

Wer die Entwicklung des Marktes Göggingen in den letzten acht Jahren kritisch beobachtete, konnte immer wieder feststellen, daß die Wohnungsbauhilfe GmbH für den Landkreis Augsburg als eine der bedeutendsten gemeinnützigen Wohnungsbaugesellschaften des Kreises auf dem Gebiete des Bauwesens eine führende Rolle spielt. An der Gabelsbergerstraße, nahe dem Friedhof, entstand in den Jahren von 1950 bis 1955 ein ganzes Wohnviertel. Mit Hilfe der Marktgemeindeverwaltung wurde schließlich auch am Ausgang der Gabelsbergerstraße, unmittelbar neben dem Rosenau-Stadion, ein neues Wohnviertel errichtet. An der Max-Reger-Straße wuchs Wohnblock um Wohnblock buchstäblich aus dem Boden. Dadurch erfuhr der Wohnungsmarkt in Göggingen eine bemerkenswerte Entlastung. Als vorläufiger Abschluß des vierten Bauabschnittes an der Max-Reger-Straße schuf Architekt BDA Alois Strohmayr-Stadtbergen, ein Hochhaus, das dem gesamten Wohnviertel seinen Stempel aufdrückt. Nach knapp einjähriger Bauzeit konnte nun das neue Hochhaus bezogen werden. Handwerker, Bauherren und Planer haben hier ein Werk geschaffen, das sich sehen lassen kann und das allseitig volle Anerkennung verdient. Der zur Verfügung stehende Grund und Boden zwang die Planer zu einer modernen Hochbauweise. Das aber soll nicht heißen, daß eng und gedrängt gebaut wurde Man schuf vielmehr zwischen den Blocks große Grünflächen und Spielplätze.

Das Hochhaus an der Max-Reger-Straße ist zwölf Stockwerke hoch und umfaßt siebzehn Drei-Zimmer-Wohnungen und zehn Zwei-Zimmer-Wohnungen. Diese Wohnungseinheiten sind, wie die Gesellschaft meint, am meisten gefragt. Es nütze nichts, kleinere Wohnungen zu schaffen, denn in wenigen Jahren entstünden wieder Wohnungsprobleme, die nur durch einen erheblichen Mehraufwand gelöst werden könnten. Jede Wohnung im Hochhaus ist mit einer gut eingerichteten Kochnische und mit schönem Bad ausgestattet. Zwei Drittel aller Wohnungen haben einen Balkon. Die verschiedenen Stockwerke sind nicht nur über eine Treppe, sondern auch mit einem Selbstfahrer-Aufzug zu erreichen. Ein eingebauter Müllabwurfschacht ermöglicht eine schnelle Beseitigung des anfallenden Mülls. Im Treppenhaus eines jeden Stockwerkes befindet sich ein Schacht, der den Müll in die Tonnen befördert. Zur Zeit werden neben dem Hochhaus auch noch zehn Garagen erstellt. Bauherren und Handwerker haben beim Bau des Hochhauses bestens zusammengearbeitet. Während der Plan selbst von Architekt Alois Strohmayr stammt, lag die örtliche Bauleitung in den Händen von Architekt Kobold. Die mitunter sehr schwierigen statischen Berechnungen löste Diplom-Ingenieur Josef Schmid-Göggingen. la

Abgebrochene Riesen

Die Wirklichkeit im Hochhausbau

Neun Stockwerke in Haunstetten – Hochhaus!– 10 in Göggingen, 12 inklusive Dachgeschoß im Herrenbach - Hochhäuser! Die späten 50er Jahre brachten die Augsburger in einen wahren Hochhaustaumel, die Zeitungen vermeldeten Schlag auf Schlag die neuen Sensationen:
30 Meter hier, 34 Meter da, 36 Meter dort.
Die Hochhausträume der Stadtplaner sind trotz dieser Höhenrekorde ganz unten angekommen. Überdauert hat von allen Vorteilen eines Hochhauses letztlich nur der Gedanke an die Rentabilität: Kleine Grundstücke, hohe Stockwerkzahl, zentrale Treppenerschließung und Gemeinschaftseinrichtungen machen den Hochhaustyp für den preiswerten Wohnungsbau attraktiv. Die Rekordbauten wurden im Rahmen des sozialen Wohnungsbaus realisiert.
Das neue moderne Hochhausleben strotzt vor modernen Neuerungen, in der Regel sind sie für Familien mit Kindern gedacht. Im Musterbau in Haunstetten, Baujahr 1958, waren alle Küchen gefließt, und *wurden mit einem kombinierten Elektro-Kohle-Herd, Doppelspülbecken und eingebautem Arbeitstisch samt untergebautem Schrank ausgestattet. Die Bäder erhielten Einbauwannen. Müllschlucker fehlen ebensowenig wie ein Aufzug, der zu den modernsten seiner Art zählt. In jeder Wohnung ist über eine Gemeinschaftsantenne sowohl der Anschluß eines Rundfunkgerätes als auch eines Fernsehempfängers möglich. So wäre die hübsche farbliche Gestaltung hervorzuheben und anzukündigen, daß im Frühjahr Grünflächen angelegt werden, die mit Hecken umgrenzt werden. 29 Garagen werden noch gebaut. Ein Schmuckstück besonderer Art aber sind die beiden Waschküchen. Sie wurden mit je zwei Waschautomaten, Schleudern, Bügelmaschinen und Stärkebecken ausgestattet. Wohnen mit Komfort wird also groß geschrieben.*
(Schwäbische Landeszeitung vom 13.12.1958).
Der Traum vom neuen Wohnen, mit allem technischen Komfort und dennoch mit Bezug ins Grüne, aber mobil, denn das Auto steht in der Tiefgarage bereit. Alles das sollte das Wohnen im Hochhaus bieten. In den Neubauvierteln stehen sie als optische Bezugspunkte. Die umliegenden Zeilenbauten und Einfamilienhäuser ordnen sich den neuen Stadtmarken unter.
Viel ist von diesem Traum nicht geblieben. Die technischen Neuerungen von damals locken heute kaum mehr. Die Anzahl der Autos sprengt längst die vorgesehenen Stellplätze. Das befreite Wohnen mit allem Komfort und Freiheiten ist dem unangenehmen Gefühl der Massenhaltung gewichen. Das Hochhaus, wenn es auf seine Wirtschaftlichkeit reduziert wird, hat abgewirtschaftet.
Mitte der 60er Jahre, als die Hochhäuser schon zunehmend an Glanz verloren, erlebten sie noch einmal eine glanzvolle Neubelebung. Augsburgs Immobilienzar Otto Schnitzenbaumer und Stararchitekt Ludwig Riegg planten mitten in der Altstadt, im grünen Bereich der Jakober Vorstadt, eine Apartment-Wohnanlage auf amerikanischem Niveau, auf bescheidenere Augsburger Verhältnisse reduziert:
258 Terrassenapartments, mit Hallenbad, gepflegten Außenanlagen, Sauna, Friseur, Tiefgarage.

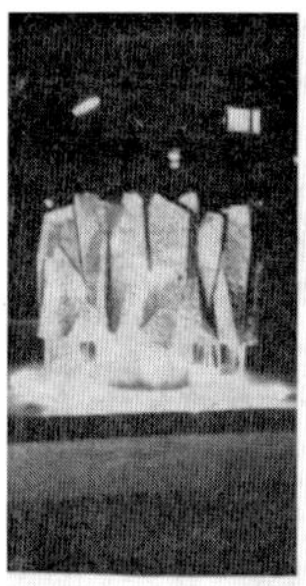

Besonders eindrucksvoll ist der von dem erfolgreichen Augsburger Künstler Georg BERNHARD entworfene Springbrunnen im gleißenden Licht der Unterwasserscheinwerfer.

Appartment Center jetzt fertiggestellt

Mit Stadtblick und Schwimmbad

(Sch.) AUGSBURG (Eig. Ber.) — Das wohl spektakulärste Bauprojekt der letzten zehn Jahre ist verwirklicht: Augsburg hat sein „Appartment Center". Am Stadtgraben entstand innerhalb von 14 Monaten die gigantische Anlage der 258 Terrassenappartements. Bauherr Otto Schnitzenbaumer jr. zur SCHWÄBISCHEN NEUEN PRESSE: „Wenn die Straßenbauarbeiten abgeschlossen sind, werden wir noch ein Café-Restaurant mit überdachter Freiterrasse bauen. Dann können unsere Mieter sich auch Speisen und Getränke auf ihr Appartement servieren lassen!"

Star-Architekt Ludwig Riegg, der sämtliche Bauten bis auf die letzte Steckdose vorplante und dann aus Fertigteilen auf rationellste Weise erstellen ließ, erregte mit dem Appartment Center in Fachkreisen erhebliches Aufsehen.

Schmuckstück ist eine für den Wohnungsbau einzigartige Neuheit: das Hallenbad mit 15 mal 8 Meter großem Schwimmbecken. Kein Bewohner braucht das Haus zu verlassen, um im Badeanzug die Schwimmhalle zu erreichen. Zur sportlichen Betätigung und Festigung der Gesundheit stehen hier Gymnastikgeräte und Tischtennisplatten zur Verfügung.

Zwischen den großzügig angelegten Grünflächen sprudelt munter ein von dem ebenso jungen wie erfolgreichen Augsburger Künstler Georg Bernhard entworfener Brunnen.

Der Wunsch des Großstadtmenschen nach Ruhe und Erholung wird in vollkommener Weise mit dem Vorteil der zentralen Verkehrslage verbunden. Die Wohnungen selbst sind als Terrassenappartments angelegt und bieten ein Höchstmaß an Wohnkomfort. Alle Wohnraumfenster sind durchgehend bis zum Fußboden. Dadurch wird die großzügige Balkonterrasse mit in den Wohnraum einbezogen.

Die vollhygienische, zug- und staubfreie Fußbodenheizung — Sie können selbstverständlich jederzeit regulieren — sorgt für behagliche Raumtemperaturen. Heizkörper finden Sie in Ihrem Appartment nicht mehr. Schall- und Wärmeschutz erfolgt nach den neucsten technischen Erkenntissen.

Bad, Waschbecken und Küchenspülbecken sind an die zentrale Warmwasserversorgungsanlage angeschlossen. Sie haben das ganze Jahr, Tag und Nacht, warmes Wasser.

SCHMUCKSTUCK DER ANLAGE und Stolz des Bauherrn: das Hallenbad mit zahlreichen Sportgeräten.

Die Küche ist durch eine Tür vom Wohnraum geruchsicher abgeschlossen und kann durch ein großes Außenfenster belüftet werden. Die Ausstattung der Küche umfaßt Elektroherd mit Bratrohr, Spülbecken, Hängeschrank, zwei Unterschränke sowie eine Arbeitsplatte. Der Platz für Ihren Kühlschrank ist eingeplant. In allen Appartements sind Telefonanschlüsse vorgese-

Es wurden verarbeitet:

370 to Stahl
7000 cbm Beton
15 Waggon Glas
48 km Heizungsrohre
100 km elektrische

meinschaftsantennen für Funk und Fernsehen — drei Programme —, Waschräume mit Waschautomaten, Trockenräume und die Übernahme der Treppenreinigung durch den Vermieter erhöhen den Wohnkomfort.

Zwei Tiefgaragen mit über 100 Einstellplätzen sorgen dafür, daß Lärm und Auspuffgase von Ihnen und Ihrem Appartement ferngehalten werden.

Wie von der Verwaltung des

Hochhaus-Visionen
Machen hohe Häuser die Menschen verrückt?

Visionen für die Gestaltung der Stadt mit Hochhäusern hat es in Augsburg nie gegeben. Die Planungspraxis war, die wenigen Hochhäuser dort entstehen zu lassen, wo gerade einem potenten Bauherren ein geeigneter Bauplatz zur Verfügung stand. Ein Hochhaus-Ideal, wie es Christopher Alexander in „Eine Mustersprache" formuliert hat, stand nie dahinter: *Allerdings ist es aber wichtig, daß die Höhenbegrenzung in bestimmten Fällen durch höhere Gebäude mit spezieller Funktion durchbrochen wird. Sie können zum Charakter der kleinen Plätze beitragen, sie können ihren Gemeinden eine besondere Identität verleihen. Errichte da und dort hochliegende Orte als Wahrzeichen an verschiedenen Stellen der Stadt. Sie können eigene Türme sein, auf jeden Fall aber sollte ein Aufstieg zu Fuß damit verbunden sein.*

Wie relativ die meßbare Höhe empfunden wird, zeigen die Reaktionen Le Corbusiers in New York im Jahr 1936: *Die Hochhäuser sind zu kurz und zu viele.* Beim Empire State Building berichtet Le Corbusier aber voll Enthusiasmus: *Als ich zum ersten Mal das Empire State Building erblickte, spürte ich das Verlangen, mich gleich auf den Rücken zu legen und immer und ewig zu seiner Spitze hinauf zu starren. Dreihundertachtzig Meter, das ist ein Ereignis in der Geschichte der Architektur!*

In den Jahren von 1968 bis 1973 hat sich die Vorstellung von einem großräumigen Städtebau mit isolierten, großmaßstäblichen Baukörpern, die sich vom Vorhandenen abheben wollten, gewandelt. Es wurde der Wille deutlich, mit Straßen, Plätzen und Höfen wieder Stadträume zu schaffen, die Städte wohnlicher zu machen. Das bedeutete dann auch, den Maßstab der Bauwerke in Höhe und Umfang zu reduzieren: *Es gibt ausreichende Beweise dafür, daß hohe Gebäude Menschen verrückt machen. Hohe Gebäude haben keine eigentlichen Vorteile, außer daß sie Banken und Grundeigentümern Spekulationsgewinne verschaffen. Sie sind nicht billiger, sie sparen keinen Freiraum, sie zerstören das Stadtbild, sie zerstören das soziale Leben, sie erzeugen Kriminalität, sie erschweren das Leben für Kinder. Das Leben im Hochhaus entfernt die Leute vom Boden und vom zufälligen alltäglichen Gesellschaftsleben, das auf den Straßen, in den Gärten und Veranden vor sich geht.* (Christopher Alexander)

linke Seite
von oben nach unten

Lechhausen,
Ortszentrum beim Grünen Kranz.

Lechhausen, Schlössle.

Göggingen,
Wohnpark Bergiusstraße.

Königsplatz,
Hochhaus der Lechelektrizitätswerke.

Haunstetterstraße, Siemens.

MAN-Hochhaus,
Stadteinfahrt
von Autobahnaustahrt Ost.

unten von links nach

Studentenwohnheim
„Varta-Hochhaus".

Hochhaus an der
„Coca-Cola-Kreuzung".

Hochhaus an der
Stadteinfahrt von Haunstetten.

Augsburger Allgemeine.

Don Bosco, mehr als eine Pfarrkirche

Eine kleine Stadt Ypsilon

Den Augsburger Architekten Thomas Wechs ließ der Gedanke an eine Idealstadt nicht los, sein ganzes Leben lang. Seit den späten 20er Jahren dachte und plante er seine Stadt Ypsilon, ein Stadtgebilde mit allen gesellschaftlichen, politischen, geistigen und wissenschaftlichen Einrichtungen, mit Industrie und Landwirtsschaft und mit einer kirchlichen Zentrale. In einem Büchlein mit dem Titel 'Stadt Ypsilon' läßt Wechs einen Besucher mit Namen Paul nach Ypsilon reisen, der dort seinen Brüder besucht und von diesem durch die Stadt geführt wird: *Der mit Atomkraft betriebene Zug fährt pünktlich und fast geräuschlos in die qualmfreie und gekühlte Glashalle ... Paul entdeckt bald seinen Bruder, der aus der mechanisch sich öffnenden Wagentür auf den in gleicher Ebene liegenden sauberen Bahnsteig tritt. Nach kurzer herzlicher Begrüßung schreiten die beiden die Treppe zur Unterführung zu.*

Gebaut hat Wechs seinen Traum einer Idealstadt nicht. In manchen seiner Bauten lassen sich jedoch Züge aus der Gedankenwelt Ypsilons erkennen. So in der ursprünglichen Planung für Don Bosco und das umliegende Gebiet. Es ist in allererster Linie die Überzeugung von Wechs, daß seiner Stadt ein zwar hierarchisches, aber vielfach politisch abgesichertes und gegenseitig kontrolliertes System zugrunde liegt. Die oberste moralische Instanz ist in der Stadtplanung und der Architektur ablesbar, der alles überragende Dom. *Hier hast du im Sinnbild die Ordnung der Stadt Ypsilon vor dir*, sagt Paul. Der Mensch ist das Maß aller Dinge. *Dahinter erhebt sich die geistliche Dominante, der Dom, auf der einzigen bedeutenden Anhöhe, welche die natürliche Lage von Ypsilon auszeichnet und dem Dom seine überragende Stellung gibt.*

Modellansicht Don Boscos als beherrschendes Zentrum im Herrenbach-Viertel.

Luftaufnahme des Neubaugebietes Herrenbach mit Wohnblöcken, Zeilen- und Punkthäusern und Kleingartenanlage.

Über der ganzen Stadt steht die Kirche. Im Neubaugebiet Herrenbach gibt es keine natürliche Erhebung, doch die Architektursprache überhöht den Bau symbolisch über das umliegende Gebiet. Wechs baute mehr als eine katholische Pfarrkirche, es wurde ein Dom, mit Doppelturmfassade, die mit ihrer durchbrochenen Struktur und den stilisierten Wasserspeiern nichts weniger als die französische Kathedralgotik zum Vorbild hat. Doch Wechs gibt seinem Vorstadt-Dom noch eine Würdeformel mit, indem er der Kathedralfassade einen Kuppelbau anschließt, pantheonartig, im Inneren von enormer Wucht. Für die Pfarrkirche einer jungen Vorstadtgemeinde wahrlich ein gewaltiger Anspruch. Im direkten Verbund schließen sich ein Jugendheim und ein Kindergarten an. Das Ideal von kirchlichem Führungsanspruch und geistlicher Erziehung wird so im Kern nachvollziehbar. Die umliegende Wohnbebauung sollte sich diesem Zentrum unterordnen. Die Reihenhäuser und Wohnzeilen kamen kaum über die Sockelhöhe der Kirche hinaus. Kuppel und Türme aber dominierten das ganze Viertel.

So sah es auch Wechs. Für den noch unbebauten Bereich entlang der Friedberger Straße plante er, im Einklang mit der Stadtplanung, eine „Teppichsiedlung" mit eingeschossigen Bungalows, die auf der Sichtachse von der Friedberger Straße den freien Blick zur Kirche gewährleisten sollte.

Doch dann kam alles ganz anders. Die Fläche südlich der Kirche war für eine derart zurückhaltend konzipiert Struktur viel zu lukrativ. Der Kommerz schlug zu, dreimal, mit jeweils 30 Stockwerken, höher, massiver, gewaltiger als alle architektonische Würdearchitektur von Don Bosco. Die monumentalen Türme, die Kuppel, alles war diesen Blöcken unterlegen. Die Kirche stand plötzlich im Schatten eines Einkaufszentrums. Ganz im Zeichen der Zeit: der Ankommende orientiert sich an dem gewaltigen Massiv des Einkaufszentrums – die drei Türme des Konsumtempels überbieten die Doppeltürme der Kirche.

Früher, bis zur industriellen Revolution, näherten sich Reisende der Stadt Augsburg von Osten her auf einer schnurgeraden Chaussee von Friedberg bis zum Roten Tor. Dort, bei den gewaltigen Wallanlagen, wurde im Mittelalter auf den Belagerer heißes Pech geschüttet.

Heute betritt man die Stadt circa 4 Kilometer weiter draußen, ohne den Übergang von der einen in die andere Stadt wahrzunehmen. Es geht auf der Friedberger Straße durch Hochzoll. Nach einem leichten Schwenk der Straße in der Mitte von Hochzoll kommt die erste Ecke des Schwaben-Centers ins Blickfeld. Vorbei an der St. Matthäuskirche, den Gasthäusern „Goldener Stern" und dem „Brückencafé" als Brückenpfeiler, überquert man den Lech und fährt auf der von Alleebäumen und privatem Grün eingefaßten Friedberger Straße direkt auf das Schwaben-Center zu. Nach und nach werden alle drei Türme sichtbar. Sie überragen an Höhe und Masse die alte Stadt. Das dreitürmige Schwaben-Center setzt für den von München Anreisenden ein gewaltiges Zeichen für den Eintritt in die Stadt: jetzt weiß jeder, er ist angekommen.

Das Gebiet nördlich der Friedberger Straße war bis in die Nachkriegsjahre für die Erweiterung der Textilbetriebe reserviert. Das erwartete Wachstum trat jedoch nicht ein und nach und nach wurden die Grundstücke als Wohnbauflächen verkauft. Die Bebauung wurde den jeweiligen Bedürfnissen des Wohnungs- und Kapitalmarktes angepaßt. Visionen für die städtebauliche Gestaltung der Friedberger Straße als Tor zur Stadt hat es nie gegeben. 1969 - 1972 enstand das Schwaben Center, mit drei 20-geschossigen Wohntürmen, 76 Metern hoch, und einer 360 Meter langen, zweigeschossigen Ladenstraße als Plattform . Zur Erinnerung: gleichzeitig ist in München das Olympia-Zeltdach entstanden, 1966 konnten die Menschen zum ersten Mal die Erde aus dem Weltraum als Himmelskörper sehen, Buckminster Fuller sah die Erde als „Spaceship Earth".

Schwaben-Center
Investoren anstelle von Stadttoren

Auf dem Stadtplan von Augsburg vor 1968 sieht man auf der Grundfläche zwischen Friedberger Straße, Altem Heuweg, Schäfflerbach, als einziges Bauwerk das Anwesen eines Landwirts eingezeichnet, der das Areal von der Augsburger Kammgarnspinnerei (AKS) für Viehweiden und Anbau von Getreide gepachtet hatte. In der zweiten Hälfte der Sechziger Jahre hat die AKS Käufer für das ganze Areal gesucht und es verkauft, wie früher schon den Baugrund für Don Bosco, da Mittel für die Modernisierung der Spinnerei gebraucht wurden. Käufer waren Bauträgergesellschaften, Privatleute sowie die Stadtsparkasse Augsburg. Städtebauliche Überlegungen wurden in Plänen und Modellen erarbeitet, über die Verwertbarkeit des Grundstücks sind Entwürfe für die Bebauung des ganzen Areals in den Architekturbüros Hans von Peschke und Rudolf Götz, Hans Schrammel, Ludwig Riegg entwickelt worden, die dann von den Stadtplanern Vino Eisinger und Hermann Stab in die endgültige Form gebracht wurden. Die Vorgaben für die Bebauungsentwürfe waren großmaßstäbliche, freistehende, nord-süd-gerichtete Baukörper, mit nach Osten oder Westen orientierten Wohnungen, mit Grünflächen über Tiefgaragen. Wirtschaftlichkeit und eine hohe Ausnutzung, entsprechend der festgelegten Dichtewerte (Grundflächen- und Geschoßflächenzahl) und der Abstandsflächen nach der Bayerischen Bauordnung prägten die Gestaltung.
Es wird heute oft vergessen, daß Architekten in der Kausalkette des Entstehens von Bauwerken erst an zweiter Stelle stehen. So hatte der Architekt Thomas Wechs für das Areal des

Schwaben-Centers eine Teppichsiedlung geplant, als eine Art Plattform für das gegenüberliegende Gemeindezentrum Don Bosco, das mit dem Kirchplatz als Mittelpunkt des ganzen Wohngebiets am Herrenbach gedacht war. Die Idee der Teppichbebauung wurde im amtlichen Bebauungsplan vom September 1968 aufgenommen mit der Planung von ca. 30 Gartenhofhäusern im Osten des Areals am Alten Heuweg. Im geänderten Bebauungsplan vom Dezember 1969 war daraus dann eine Behausung für das Auto geworden, ein dreigeschossiges Parkdeck für die zu erwartenden Käuferströme des Schwaben-Centers. Überhaupt entspricht der Bebauungsplan dem Bild der autogerechten Stadt mit einer weitausgreifenden Erschließungsschleife vom Alten Heuweg, mit Anlieferungsstraßen sowie der Anfahrt mit Parkplätzen entlang der Friedberger Straße.

Die Planung des Einkaufszentrums wurde von den verschiedenen Investoren der „Architektengruppe 4" mit zwei Hochhäusern übertragen, sowie Professor F.H. Sobotka aus Berlin der für ein Hochhaus verantwortlich zeichnete. Entsprechend der Vorliebe der Sechziger Jahre für Kollektive hat Vino Eisinger die „Architektengruppe 4" zusammengestellt, die aus den Augsburger Architekturbüros von Peschke & Götz, Brockel & Müller, Pröll & Müller und dem Büro Schrammel bestand. Auf dem 60 Meter breiten Filetstück entlang der Friedberger Straße gibt es entsprechend dem Konzept von Projektentwicklern einen 360 Meter langen Ladentrakt unter den Hochhäusern, eine nach innen gelegte Shopping-Mall, nach damaligem Sprachgebrauch eine Einkaufspromenade genannt, die mit einer Schaufensterfront von ca. 700 Metern zum Kauf verführen soll, gemäß dem Motto „shop till you drop". Angestrebt war eine Imitation von Stadt im Inneren, mit vielfältigen Einkaufsmöglichkeiten, Zerstreuung, Information, Entspannung, Begegnung und Unterhaltung auf der Piazza Romantica, in der Disco Jet Set, beim Kegeln, im Ristorante, im Cafe, und für einen Teil der Bewohner von der Wohnung aus zu erreichen, ohne auf die Straße gehen zu müssen.

Nach außen gibt sich der Bau hermetisch abgeschlossen. Wer vom Alten Heuweg durch die Wilhelm-Hauff-Straße auf das Schwaben-Center zukommt, prallt gegen eine geschlossene Wand. Das Einkaufszentrum zeigt den Bewohnern der Wilhelm-Hauff-Straße die kalte Schulter. Nach einem vielversprechenden Anfang hat sich das Schwaben-Center dann immer mehr zu einem reinen Einkaufscenter entwickelt, mit hektischem Wechsel der Läden und Großmärkten. Der ganzen Anlage fehlt ein herausragender Mittelpunkt, so daß der Blick unmittelbar angezogen wird. Die Wohntürme für Mietwohnungen und Eigentumswohnungen sind mit ihren Fassaden aus Betonfertigteilen nahezu identisch, nur das Sparkassenhochhaus (der östliche) zeigt an den Balkonbrüstungen Blumentröge. Die Hauseingänge an der Wilhelm-Hauff-Straße sind schwer zu finden. Vorgaben für die Grundrisse waren die Wirtschaftlichkeit, die Erschließung der Wohnungen von einem Mittelflur über die ganze Länge des Gebäudes, die Raumgrößen der Zimmer nach der DIN für den Sozialen Wohnungsbau, die Orientierung der Wohnungen ausschließlich nach Osten oder Westen, und auch die Abwicklung der Arbeitsflächen in den Küchen nach DIN.

linke Seite
Schwaben-Center,
Foto von Heinz Egner, ca. 1972/73

unten
Ideenskizzen für den Osteingang des Schwaben-Centers.
Architektengruppe 4, 1970.

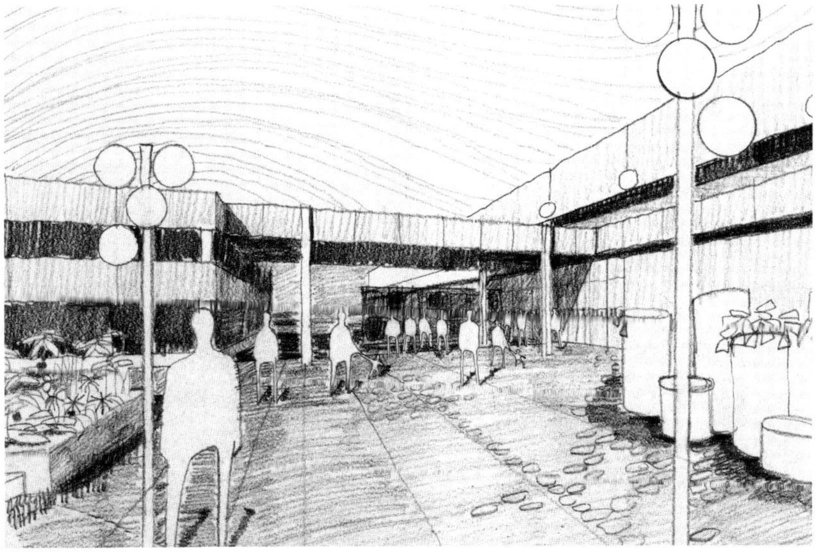

Hotelturm und Kongreßhalle

Ein Ensemble aus Beton

Wenn es ein Bau der letzten Jahrzehnte geschafft hat, als ein Wahrzeichen Augsburgs zu gelten, dann der Hotelturm. Von welcher Richtung aus man sich Augsburg nähert, der Hotelturm prägt die Silhouette der Stadt. Obwohl er sichtlich vor sich hingammelt, das Hotel nach mehreren Besitzerwechseln längst Konkurs anmelden mußte und leer steht, und aus den USA nicht nur die Architektur, sondern angeblich auch die Kakerlaken übernommen wurden – aus dem Augsburger Stadtbild der Gegenwart ist der Hotelturm nicht mehr wegzudenken.

Das war ihm allerdings nicht in die Wiege gelegt. Als der Augsburger Stadtrat am 22. Juli 1970 einem Vorschlag der Firma Schnitzenbaumer grundsätzlich zustimmte, glaubte er über einen 26 m dicken und nur 65 m hohen Hotelturm mit Apartments beim neuerrichteten Kongreßzentrum befunden zu haben. In Wirklichkeit wollte Stadtbaurat Vino Eisinger einen mindestens 100 m hohen Turm errichtet sehen, da ansonsten die Proportionen nicht gewährleistet wären. Das unverkennbare Vorbild, der Marina-City-Tower in Chicaco (1964/67 von Bertrand Goldberg Ass.), war sogar 170 m hoch, und so wirkt der schließlich ausgeführte, 35-stöckige und 118 m hohe Turm etwas untersetzt.

Fotomontage im Vorfeld des Hotelturmbaus.

Baustelle Hotelturm mit Fertigteilproduktion.

Das Projekt des Unternehmers Otto Schnitzenbaumer und der Augsburger Architekten Brockel & Müller für die amerikanische Hotelkette Holiday Inn, das nach einer Rekordbauzeit von nur zehn Monaten, also rechtzeitig zur Olympiade im Juni 1972, fertig wurde, war von Anfang an höchst umstritten. Viele Augsburger mochten sich mit einer derartigen Veränderung der altbekannten Silhouette nicht abfinden. Eine Gruppe beherzter Bürger konstituierte sich in dem Komitee „Rettet den Wittelsbacher Park" und sammelte immerhin 16.000 Unterschriften. Der Turm wurde als Maiskolben, Riesenhandgranate und Hotel-Silo beschimpft, konnte jedoch bekanntlich nicht verhindert werden. Immerhin gelang es dem Komitee, bis es sich in einem Selbstzerfleischungsprozeß auflöste, die weitere Verbauung des Wittelsbacher Parks zu verhindern, der schließlich 1977 unter Naturschutz gestellt wurde.

Der 18-eckige Turm ist in den unteren 17 Geschossen als Hotel konzipiert, danach folgen in einem Doppelgeschoß die Installationen und in den Geschossen 19 bis 33 private Apartments; im 34. Stockwerk befanden sich ein Restaurant und darüber eine Aussichtsterrasse. Bei gutem Essen weltstädtisch-weltmännisch auf die prosperierende City blicken zu können – das war die Idealvorstellung von Bauherr, Architekt und Stadtrat. Die Gestaltung war so modern wie die Technik: Der aussteifende Kern mit den sechs Aufzügen ist in Ortbeton gegossen. Die Stützen, Decken, Treppen und Balkone waren Fertigteile, die an Ort und Stelle gefertigt wurden, denn nur so war die schnelle Bauzeit gewährleistet.

Die Höhe, der unverwechselbare Zuschnitt der rund auskragenden Balkone und seit einigen Jahren die abschließende hohe Antenne (ursprünglich war eine 15 m hohe Reklametafel geplant) geben dem Turm seine Unverwechselbarkeit. So erlebt selbst der Spaziergänger im Wittelsbacher Park einen Hauch von Stadt, wenn er über sich den hoch aufragenden Hotelturm weiß.

Der Begriff „Brutalismus" für die Sichtbeton-Architektur der 70er Jahre hat sich nicht durchgesetzt, zu viele negative Konnotationen haften ihm an. Die schlichte Funktion eines Regenschutzdaches vor der Eingangstür der Kongreßhalle findet seine Form in einer gewaltigen Baumasse aus Beton. Es ist ein mächtiges Zeichen, brutal in seiner Kompromißlosigkeit. Der geliebte und umkämpfte Vorgängerbau wird ersetzt mit machtvoller Geste. Ohne Erinnerung an das Vorhergehende wird Neues gewagt, ein neues Zeichen gesetzt. Gerade deshalb wurde der Bau oftmals verachtet. Gerade deshalb wird er im Lauf der Jahre immer besser, immer eindrucksvoller, durch seine Sicherheit als brutal-eindeutiges Zeichen seiner Zeit.

Eingang zur Kongreßhalle von Max Speidel, 1968-72. Aufnahme von Heinz Egner.

Eine schöne Erinnerung

Abbruch und Neubau des Kaiserhofs

Blick über den Königsplatz auf die „Torbauten" zur Hermanstraße vor dem Bau des Gleisdreicks. Aufnahme von Heinz Egner, Anfang 70er Jahre.

Früher war alles besser. Zum Beispiel stand einmal am Königsplatz ein Bau von derartiger Schönheit, daß sein Abriß den Augsburgern schier die Sinne raubte. Es war einer der brisanten Streitfälle „Kommerz gegen Baudenkmal", der Anfang der 70er Jahre im Laufe der Nostalgiebewegung eskalierte.

Der Kaiserhof war ein Hotelbau an der Ecke Halderstraße-Hermanstraße. Sein Architekt, Martin Dülfer aus München, ist zweifellos berühmt, allerdings eher für seine späteren Bauten im Münchener Jugendstil. Einen schönen Dülferbau hat Augsburg mit der Staatsbibliothek. Zwei Dülfersche Wohnbauten haben sich im Anschluß an den Kaiserhof entlang der Hermanstraße erhalten, doch die nimmt niemand zur Kenntnis.
Betrachtet man den Bau des Kaiserhofs auf alten Ansichten, kommt ein Verdacht: Offensichtlich spielen bei der Bewertung seines Denkmalwertes in der Bevölkerung sentimentale Erinnerungswerte eine weitaus größere Rolle als seine tatsächlichen architektonischen Qualitäten.
Der Kaiserhof war eine Allerweltsarchitektur in blutarmem Neo-Barock mit schwindsüchtigem Bandelwerkstuck. An diesem Bau ist schlichtweg nichts originell, und im Beethoven- und Bismarckviertel, am Schießgraben oder in der Schaezlerstraße stehen entschieden bessere Bauten.
Denkmalwert hatte nicht der Bau, sondern die schönen, wenn auch verklärten Erinnerungen an ihn, an jene angeblich glanzvolle Hotelatmosphäre, an die möglicherweise rauschenden Feste und Feiern, an die vielleicht eleganten Salons und verbürgt rotplüschigen Séparées. Das Denkmal war kein Baudenkmal, es war ein nostalgisches Erinnerungsstück. Kein Denkmalschutzgesetz, keine noch so teure Renovierung hätte die alten Zeiten zurückgebracht. Insofern ist der Kaiserhof ein Musterbeispiel für die Grenzen der Denkmalpflege – sein Abriß war konsequent.

Der Neubau ist städtebaulich eine Verbesserung. Der Bau des Architekturbüros Brockel & Müller reagiert auf die Torsituation und setzt einen kraftvollen Akzent. Die hellen Sichtbetonflächen und dunklen Glaspartien geben dem Bau zusätzliche Dominanz. Im Häusergewirr behauptet sich die Architektur als deutliches Zeichen und zeigt, daß davor der Platz ist und seitlich wichtige Straßen beginnen.
Doch im Inneren war der „Kaiserhof 2000" von Anfang an tot. Es gab nie einen Eingang, der hinein gelockt hätte, und auch nie einen Grund, warum man hinein sollte. Was sich in den Geschossen hinter den getönten Glasflächen abspielt, bleibt ein Rätsel. Dabei macht sich der Bau so wichtig, steht so prominent da, ist nicht zu übersehen, will aber eigentlich gar nicht, daß man seine Funktion wahrnimmt. Vom schmalen Trottoir führt nur ein Schlupfloch in eine dunkle Höhle, wie ein aufgegebener U-Bahn-Schacht in die Tiefe.

Die Chance, den alten Kaiserhof durch eine neue attraktive Nutzung vergessen zu machen, wurde vertan. Entstanden ist nur ein Zeichen aus Beton, kein Lebenszeichen für unsere Zeit, wie es der Vorgängerbau für seine Zeit war.
Im Untergeschoß gibt es momentan eine vielbesuchte Diskothek. Ob die Teenies in 50 Jahren, wenn der Sichtbeton morsch und die Spiegelglasscheiben blind sind, in sentimentalem Technogedenken gegen einen Abriß demonstrieren werden?

Historische Ansicht der Torsituation zur Hermanstraße mit dem Hotel Kaiserhof.

Die gleiche Ansicht heute mit dem „Kaiserhof 2000".

Wenn Banken bauen
Maßgeschneidert oder von der Stange?

Ein Bankpalast reinster Fasson steht in der Bahnhofstraße, die Bayerische Staatsbank hat ihn im Jahr 1899 fertiggestellt. Der Entwurf stammt von dem Münchener Architekten Albert Schmidt. Ein gewaltiger neobarocker Block, prominent über Eck zur Schrannenstraße plaziert, so daß der ankommende Besucher vom Bahnhof aus direkt auf das mit dem Staatswappen mächtig überhöhte Portal zugeht. Säulen, Gebälke, Obelisken, Vasen und Figuren garnieren den Prachtbau. Modern war der Bau seinerzeit, 1899, keineswegs. Topaktuell wären vielleicht Münchener Jugendstilformen gewesen, davon findet sich an dieser biederen Bankfiliale nichts. Erst 1920, als der Bau entlang der Bahnhofstraße um einige Achsen verlängert wurde, kamen mit reichlicher Verspätung einige Jugendstilformen zum Zuge. Banken sind nun einmal konservativ, ihre Architektur muß Signale aussenden, die ihre Beständigkeit signalisieren. Banken müssen Geld haben, und Reichtum zeigt sich in den aufwendigen Fassaden in hohem Maße.

Die historische Architektur hielt für Banken ein breites Angebot sprechender Formen bereit. Wie aber kann die funktionale Moderne dem Anspruch einer Bank gerecht werden? Zwischen 1985 und 94 entstand entlang der Halderstraße auf dem Gelände der ehemaligen Schrannenhalle eine völlig neue Häuserreihe. An das Intercity-Hotel am Bahnhofsplatz schließt sich eine Serie von Versicherungsbauten, Hotels und Banken an, die mit der Stadtsparkasse in den Königsplatz mündet. Welche architektonische Sprache sprechen Geldinstitute heute, mit welchen gebauten Argumenten sollen Kunden angelockt werden? Die Bauherren der drei ersten Gebäude sind international tätige Wirtschaftsunternehmen, die Winterthur-Versicherung, die Arcade-Hotel-Kette und die Magdeburger Feuerversicherungsgruppe. Architekt aller drei Gebäude ist Waldemar G. Seunig, Gräfelfing. Kaum verwunderlich, daß die drei Gebäude Variationen nach immer dem gleichen Grundmuster sind: Ein Stahlbetonskelett wird mit einer Außenhaut aus getöntem Glas, massivem Alurahmenraster und Natursteinplatten oder Putzflächen verhängt. Das Ergebnis könnte aus einem Konfektionskatalog stammen; dreimal dasselbe Modell, nur jedesmal trägt es ein anderes Kleid der Saison. Ein Erkennungseffekt – „Aha, das ist ein Hotel, das ist eine Versicherung!" – wird nicht angestrebt. Repräsentative Eingänge, die den Besucher anlocken könnten oder überhaupt signalisieren, wo man das Haus betreten sollte, werden zugunsten optimaler Geschoßausnutzung eingespart.

Die Augsburger Aktienbank wurde vom Münchener Architekturbüro Denk, Mauder & Partner geplant. Trotz unübersehbarer formaler Parallelen zu seinen Nachbarn, arbeitet dieser Bau verstärkt mit bildhaften Signalen. Der weiße Aluplattenbelag soll gemäß der Firmenphilosophie immer sauber geputzt sein, um gegen die behäbige steinerne Pracht altehrwürdiger Banken einen neuen Geist auszustrahlen. Der Eingang öffnet sich hoch, das Fußbodenpflaster vermittelt vom Gehsteig ins Innere, in die offene

Halderstraße – Little Wall-Street

Halle. Gerade von der belebten Bahnhofstraße sollen Kunden über die Blickachse der Schrannenstraße in das neue Bankgebäude an der alten Staatsbank vorbei in die junge Bank gelockt werden. Bei aller angestrebten Jugendlichkeit zitiert die streng symmetrische Bauform mit dem dreiteiligen Eingangsportal in modernen Formen einen altehrwürdigen Triumphbogen.
Dazwischen, in der Schrannenstraße, steht als Verlängerung der ehemaligen Staatsbank ein feingravierter Rasterbau des Augsburger Architekturbüros Brockel & Müller; vornehm, zurückhaltend, maßgeschneidert für die Situation und für den Bauherren, die Bayerische Vereinsbank, die mit dem aufdringlichen Pomp der ehemaligen Staatsbank offenbar ihre (berechtigten) Schwierigkeiten hatte.

Den Abschluß der kleinen Augsburger Wallstreet bildet der mehrfach umgebaute und erweiterte Block der Stadtsparkasse, dessen letzte Veränderung mit einer materialaufwendigen Stahlkonstruktion auftrumpft.

links oben
Bayerische Staatsbank

rechts oben
Bayerische Vereinsbank

unten links
Stadtsparkasse

unten mitte
Augsburger Aktienbank

unten rechts
Hotel, Bank oder Versicherung?

Augsburg als Universitätsstadt

Studieren auf der grünen Wiese

1966 beschloß der bayerische Landtag in Augsburg ein wirtschafts- und sozialwissenschaftliches Studium im Rahmen einer Fakultät oder Hochschule einzurichten. Mit Wirkung zum 1.1.1970 wurde daraus eine wissenschaftliche Hochschule mit Forschungs- und Lehrbetrieb, die Geburtsstunde der Augsburger Universität. Zielsetzung war es, die überfüllte Münchener Hochschule zu entlasten und längerfristig den Augsburger Raum wirtschaftlich zu stärken. Ein 1971 einberufener Strukturbeirat empfahl die Ausrichtung der Universität auf 15.000 Studenten, neben Jura und Wirtschaft wurden auch die Fachbereiche Technik, Gestaltung, Natur- und Geisteswissenschaften vorgeschlagen. Augsburg hat heute eine ausgewachsene Universität, die im Studienjahr 1995/96 fast 14.000 ordentliche und ebenso viele Gaststudenten aufzuweisen hatte.

Vom Flair einer Universitätsstadt ist in Augsburg nichts zu spüren. Die 1975 bis 78 vom Universitätsbauamt errichteten Bauten der Philosophischen und Katholischen Fakultäten sowie das Hörsaalzentrum ducken sich in das Lechfeld. Selbst in dieser platten Landschaft gelingt es ihnen nicht, sich dem aus dem Süden auf der B 17 nähernden Kraftfahrer ins Bild zu setzen. So formalistisch wie sich der Bau ohne herausgehobenen Eingangsbereich, ohne ablesbare Aufteilung in Hörsaal-, Schulungs- und Forschungsbereich darstellt, so trocken die Beschreibung des Universitätsbauamtes: „neutrales Institutsgebäude", „stapelbare Flächen", „öffentliche Flurzone". Die 1980-84 errichtete Zentralbibliothek sitzt wie eine Trutzburg über dem Campus, im Modell durchaus von beherrschender Wirkung, in der Realität so nicht wahrnehmbar. Erst die Bauten der 90er Jahre versuchen, die Universität auch als Stadtzeichen zu begreifen.

1986 war ein Realisierungswettbewerb für die Sportstätten ausgeschrieben worden, den das Büro Max Speidel & Partner aus Augsburg gewann. Nach dem Tod Speidels führten die Architekten Schuller & Tham den Bau aus. Die leichte Holzkonstruktion auf massiven Betonwänden, die phantasievolle Dachgestaltung und die lebendige Farbigkeit sollten neben Funktionalismus auch Erlebnis- und Freizeitwerte vermitteln. 1992-95 errichteten die Münchener Architekten Krug & Partner den Fachbereich Wirtschaft und Soziales mit eigenem Bibliothekskomplex, bei dem die Verwendung von Holzfassaden, natürlicher Belichtung, Fassadenbegrünung und begrünten Dächern den Schwerpunkt auf ökologisches Bauen gerichtet hatte. Die aufgelockerte Bebauung in großzügigen Grünanlagen sowie die ökologische Ausrichtung gerät jedoch in Widerspruch zu den streng ökonomisch ausgerichteten Benutzern: vordringlich scheinen die gute Anbindung an die B 17 und die umliegenden Parkplätze in

linke Seite
Gebäude der Philosophischen und Theologischen Fakultät.

links
Zentralbibliothek

rechts
Wiso-Gebäude

links
Rektoratsgebäude

rechts
Zentrale Sportanlage

Naturwissenschaftliche Fakultät

ausreichender Anzahl den Studenten der Wiso-Fakultäten am Herzen zu liegen.
Ab 1994 wurden die schweren, im Sonnenlicht gleißenden Baukörper der Mathematisch-Naturwissenschaftlichen Fakultät vom Architekturbüro Hans Schrammel errichtet, die in ihrer langgestreckten Nord-Süd-Ausrichtung zum ersten Mal der Universität einen selbstbewußten, in den Raum greifenden Anspruch verleihen.

Vielleicht ist damit endlich ein Zeichen gesetzt worden, mit dem es gelingt, die Universität im Bewußtsein der Bewohner zu verankern. Vielleicht ist es auch bezeichnend, daß dieses Zeichen von den Naturwissenschaftlern besetzt wurde.

Stadt der Renaissance?
Das gebaute Image von Augsburg

Image definiert sich als die Gesamtheit aller Einstellungen, Kenntnisse, Erfahrungen, Wünsche oder Gefühle, die mit einem bestimmten Meinungsgegenstand, in unserem Fall der Stadt Augsburg, verbunden sind.
Das Image einer Stadt setzt sich aus den Einstellungen der Bewohner (Eigenimage) und potentieller Besucher (Fremdimage) zusammen.

In einer 1972 durchgeführten Studie über die Attraktivität von 15 ausgewählten Städten erhielt Augsburg mit 1,0 Punkten in der Bewertung des „Stadtbildes" eine leicht bessere Note als die Summe der 15 Städte, besser waren unter anderem Nürnberg (1,9 Punkte) und Ulm (1,4 Punkte). Bei der Befragung nach Stadteigenschaften erzielte Augsburg bei den Begriffen „weltoffen/großzügig" den letzten Rang, von den Unter-24-jährigen erhielt es den schlechtesten überhaupt vergebenen Wert. Bei den Punkten „gemütlich/freundlich" und „schön/sauber" lag Augsburg in der Spitzengruppe. Typische Assoziationen, die Fremde mit Augsburg verbanden, waren an erster Stelle die historische Bedeutung als Kaufmanns- und Fuggerstadt, 17 % betrachteten das Stadtbild als typisch bayerisch und erinnerten sich an St. Ulrich und das Rathaus. 7 % kannten die Puppenkiste und wußten, daß Brecht hier geboren war. 1 % klassifizierten Augsburg als „kleinbürgerlich und spießbürgerlich".

Im Endbericht „Augsburg im Meinungsspiegel der Bevölkerung" von 1973 wurden die Einwohner nach den Sehenswürdigkeiten befragt, die sie als besonders attraktiv empfinden. 63 % der Befragten nannten die Fuggerei, 38 % das Rathaus. Interessant, daß gerade bei den „neuen" Augsburgern, also denjenigen, die nach 1965 zugezogen waren, moderne Bauten, wie die Kongreßhalle, noch weit vor dem Dom oder der Maximilianstraße genannt wurden und auch die Kanuslalomstrecke bei ihnen einen höheren Rang einnahm als etwa die historische Altstadt.

1977 wurde im „Stadtentwicklungsprogramm Augsburg" ein Konzept zur Image-Pflege auf der Basis der 1972/73 gewonnenen Daten entworfen. Dabei sollten die Eigenschaften „schön und sauber" und „gemütlich" gestärkt und damit der „besondere Charakter" Augsburgs gehoben werden. Die Stadtgestaltung, insbesondere die Sanierung von Altstadt und Lechviertel, sollte Augsburg als „unverwechselbare, liebenswerte, historische Großstadt" darstellen. Wo durch die vorhandene Bebauung ursprüngliche Straßen- und Platzsituationen beeinträchtigt seien, sollte langfristig eine Bereinigung angestrebt werden. In einem aufgestellten Maßnahmenkatalog stand an erster Stelle der „Schutz von Sichtbeziehungen auf die Stadtsilhouette". Dazu wurden durch eine Stadtbildanalyse die Sichtbeziehungen innerhalb und außerhalb der Stadt in ihrer Bedeutung analysiert und anschließend der Schutz der Silhouette durch Baubeschränkungen in Höhen- und Längenentwicklung von Gebäuden veranlaßt. Neue Stadtzeichen einer modernen Großstadt waren in der Innenstadt nicht vorgesehen.

1991 formulierte der Architekt Gerhard Ludwig in einer Veranstaltungsreihe der „augsburger zukunftswerkstatt" in seinen „Thesen zur Stadtarchitektur" Rückbauten und behutsame Baulückenschließungen als zukünftige Bauaufgaben. In der gleichen Veranstaltungsreihe stellte Wolfgang Poschwatta fest, daß die „Beschwörung historischer Pracht und vergangener Größe nur allzuoft ein Zeichen der Verweigerung, Gegenwärtiges und Zukünftiges bewältigen zu wollen" ist.

1995 untersuchte das Deutsche Institut für Urbanistik die Bedeutung weicher Standortfaktoren in ausgewählten Städten, darunter auch Augsburg. Das Ergebnis deckte sich mit 1973: Das Augsburger Außenbild wird nach wie vor über die Puppenkiste und die Historie vermittelt und mit Assoziationen wie „gemütlich", „kleinteilig" und „pittoresk" verbunden. Die Augsburger Wirtschaft wird in dieser Studie als wenig innovations- und technologieorientiert charakterisiert. Insgesamt werden der Stadt kaum zukünftige Wettbewerbsvorteile attestiert. Gerade im Hinblick auf die direkten Konkurrenten München und Ulm sowie die kleineren Städte Memmingen und Kempten, wird die Bedeutung weicher Standortfaktoren deutlich. Explizit weist die Studie darauf hin, daß ein Imageproblem Augsburgs darin bestehe, daß „neben den römischen 'Überresten' oder historischen Bildelementen keine auch nur annähernd gleichgewichtigen modernen Bildelemente präsent sind". Dieses Defizit wird als deutliches Manko bezeichnet. Das Institut für Urbanistik warnt abschließend, die Qualitäten Augsburgs auf „gemütlich" oder „überschaubar" zu reduzieren und mahnt an, daß ein Standort für hochqualifizierte Dienstleistungen auch durch „moderne Architektur" auf sich aufmerksam machen muß.

Augsburg
Stadt der
Renaissance
46,5

Die Gerüste standen noch, als im Gurtgesims in Stuckausführung in einem sogenannten Zahnfries in der Rücklage „Goldauftrag" gefunden wurde. Nun begann natürlich eine äußerst unangenehme Phase, denn dieses gefundene, vielleicht 4 x 7 cm große Stück sollte Aufschluß über die gesamte Farbigkeit des Raumes geben ... Die Entscheidung zur Echtblattvergoldung, zitronengelb, war eine kostenmäßige Gegenüberstellung von Echtgold zur Schlagmetallvergoldung (unecht). Die unechte Vergoldung wäre teurer gekommen.

Architekt Egon Georg Kunz, in: Vergangenheit für die Zukunft entdeckt, Festschrift zur Wiedereröffnung des Gögginger Kurhauses 1996

Die Augsburger Altstadt ist saniert.
Laut Denkmalinventar steckt noch historische Bausubstanz hinter den glatten Fassaden.
Man liest, es gäbe noch alte Dachstühle unter den roten Ziegeldächern mit den neuen Gauben.
Gewerbebetriebe sind als störend entlarvt und verboten im ehemaligen Handwerkerviertel.

Der Goldene Saal ist fertig. Das Berühren der nachgemachten Ausstattung ist verboten, Gebrauchsspuren sind nicht erlaubt, in einem Saal, dessen einzige historische Konstante ist, daß er noch nie vernünftig zu gebrauchen war.

Die Augustusfigur vor dem Rathaus ist abgegossen und durch eine Kopie ersetzt. Das Original ist geputzt und gereinigt und glänzt wie eine Speckschwarte. „Naßeffekt" nennen das die Restauratorinnen. „Patina" sei eine überholte Vorstellung des 19. Jahrhunderts, belehren sie uns.

Die Schülesche Fabrik ist abgebrochen und wird durch einen Neubau nach historischem Vorbild ersetzt. Das bringt Vorteile, alles ist dann neu, sieht historisch aus, ist leicht sauber zu halten und viel besser nutzbar.

1985 hat Augsburg, anläßlich der 2000-Jahrfeier, die Vergangenheit zur Zukunft erklärt.
Es ist eine neue, glanzvolle Vergangenheit.
Restaurierungen und Rekonstruktionen vermitteln davon ein goldenes Bild. Die alte Vergangenheit wirkt da leicht schäbig, Echtgold verbessert den Eindruck, stumpfe Oberflächen glänzen wie nie zuvor, Kriegswunden vernarben zu Juwelen der Handwerkskunst.

Aus dem Zweifel an der Goldauflage der Vergangenheit können neue Utopien entstehen.
Aus der Unzufriedenheit mit dem Grau der Gegenwart können Wünsche erwachsen, Neues zu gestalten, andere Bilder zu entwerfen.
Neue Bedürfnisse können andere Utopien nötig machen, neue Ideen, die man morgen als die unseren erkennt.

Städteplaner, Architekten, Sozialpsychologen und nicht zuletzt wohnende Bürger sprechen sich ... gegenseitig Mut zu, indem sie sich zur Utopie ermuntern, zur Utopie besserer Städte. Es gibt zwei Arten der Utopie: eine, die närrisch ist und die, verwirklicht man sie, sich als das noch ärgere Gefängnis herausstellen würde als das bewohnte. Das heißt aber nicht, daß solche Utopien nicht zuweilen verwirklicht werden. Die andere Art ist die Vorwegnahme des Künftigen in seinen wesentlichen Elementen. Die denkende Vorwegnahme. Denken, so sagt Sigmund Freud, sei eine Art Probehandeln, ein Handeln also, das die Welt noch nicht verändert, aber die Veränderung vorbereitet.

Alexander Mitscherlich
Die Unwirklichkeit unserer Städte,
Anstiftung zum Unfrieden, 1965.

Romantische
Straße

Herausgeber
Künstlervereinigung
Augsburg „DIE ECKE"
Elias-Holl-Platz 2
86150 Augsburg

Autoren

Ulrich Heiß
Seiten18, 19, 20, 21, 22, 23, 28, 29, 30, 31, 34, 35, 38, 42, 51, 52

Ulrich Kirstein
Seiten 48, 49, 54, 55, 56, 57

Margaretha Krämer
Seiten 16, 17

Hannelore Lehmann
Seiten 40, 41, 45, 46, 47

Benedikt Mauer
Seiten 10, 11, 12, 13

Christof Metzger
Seiten 6, 7, 14, 15

Petra Riesterer
Seiten 26,27

Fotonachweis
Architekturmuseum Schwaben:
Titelbild, S.17 unten, 29 oben, 42, 43
Architekturmuseum TU München:
S. 15 oben
Stadt Augsburg Lichtbildstelle:
S. 25, 26, 27
Stadt Augsburg Referat 8:
S. 9, 18, 19, 29, 30, 33, 35, 44, 48, 59, 61
Stadt Augsburg Städtische Kunstsammlungen:
S. 6,16
Architekturbüro Schuller und Tham:
S. 23
Heinz Egner:
S. 31, 39, 40 mitte, 46, 49
Franz Häußler, Augsburg 1930-55,
Stadtgeschichte in Bildern, Augsburg 1933:
S. 28
Christoph Langbein:
S. 2, 17, 19 unten, 35 unten, 40, 41,
51, 52, 53, 54, 55
Hannelore Lehmann:
S. 47
Christof Metzger:
S. 57

Gestaltung
klaus und stoll, Augsburg

Lithographie
Form + Schrift, Augsburg

Druck und Verarbeitung
Eitzenberger, Augsburg

ISBN 3-928691-24-4